다원주의 미학

자유로운 예술, 열린 비평

저자 **김진엽**

전 홍익대학교 미술대학 예술학과 교수
현 서울대학교 인문대학 미학과 교수

주요 저서로는《예술에 대한 여덟 가지 답변의 역사》,《다원주의 미학》 등이 있고, 주요 역서로는《휴머니즘 강의》,《프라그마티즘 미학》,《삶의 미학》,《미술을 넘은 미술》 등이 있다.

다원주의 미학
자유로운 예술, 열린 비평

초판 인쇄 2020년 6월 1일
초판 발행 2020년 6월 5일

지은이 김진엽 | **펴낸이** 이찬규 | **펴낸곳** 북코리아 |
등록번호 제03-01240호 | **전화** 02-704-7840 | **팩스** 02-704-7848
이메일 sunhaksa@korea.com | **홈페이지** www.북코리아.kr
주소 13209 경기도 성남시 중원구 사기막골로 45번길 14 우림2차 A동 1007호
ISBN 978-89-6324-702-1 93600

값 15,000원

다원주의 미학

자유로운 예술, 열린 비평

김진엽 지음

북코리아

차례

1

서序

다원주의

다원주의를 뜻하는 영어 단어 pluralism은 뜻이 여러 가지다. 이 단어는 1818년 메리엄-웹스터Merriam-Webster 사전에 처음 등재되었고, 오늘날 사전의 풀이를 보면 다음과 같다.

다원주의 [多元主義, pluralism]

❶ 둘 또는 그 이상의 교회를 겸해서 맡음

❷ 다원적으로 존재하는 성질이나 상태

❸ 궁극적 실재가 여럿이라는 이론

❹ 다양한 민족·인종·종교 집단 구성원들의 자율성을 인정하는 사회의 상태

이러한 뜻을 시간 순서대로 해석해보면, pluralism은 특정 직업에서 시작하여 추상 개념이 되었고, 그 추상 개념이 이론으로 발전하여 사회적 가치관으로 확산되었다. Pluralism을 다원주의로 번역할 때는 이론의 형태를 띠는 것이므로 세 번째 뜻에 가깝다. 궁극적 실재가 여럿이라

는 이론은 형이상학적 다원주의를 지칭하는 것인데, 그 외에도 인식론적 다원주의, 미학적 다원주의, 윤리적 다원주의, 종교적 다원주의 등 다양한 영역에서 다원주의 이론이 적용될 수 있다. 동일한 주제나 대상에 대한 참된 인식이 여럿일 수 있으며, 한 사회에서 용인될 수 있는 올바른 삶의 양식과 구원에 이르는 길이 다양하다는 등의 다원주의가 가능한 것이다. 여러 가지 형태의 다원주의가 존재하지만, 그 배후에는 해답이 하나가 아니라 여럿일 수 있다는 전제가 깔려 있다.

다원주의는 일원주의와 곧잘 대비된다. 일원주의는 다원주의에서 표방하는 다양성의 배후에 하나의 궁극적 실재나 하나의 참된 인식, 혹은 하나의 올바른 기준 등이 있으리라고 생각한다. 삼라만상의 배후에 신의 섭리가 존재한다는 생각이 한 예이다. 중세까지는 일원주의가 지배적이었다면, 다원주의는 용어의 탄생과 사상의 주요 원천이 근대에 닿아 있다. 그 원천의 이름은 자유주의이다.

자유주의

자유주의Liberalism는 16세기부터 18세기에 걸쳐 형성된 중소부르 주아들의 사회관이다. 그 당시의 중소부르주아들은 정치적 자유와 경제적 자유의 확대를 요구했다. 정치적 자유를 통해서는 만인 평등, 신분 차별 폐지, 개인 인권 보장, 사상과 언론의 자유 등을 표방했고, 경제적 자유를 통해서는 자유방임의 시장 경제를 옹호했다. 전자가 정치적 자유주의라면 후자는 경제적 자유주의다.

고전적 자유주의는 정치적 자유주의와 경제적 자유주의를 모두 포함했지만, 19세기 중반 이후 시장의 실패가 두드러지면서 정치적 자유주의는 더욱 강화되어가는 반면 경제적 자유주의는 여러 비판에 직면하게 되었다. 오늘날에는 정치적 자유의 확대를 요구하면 진보로, 경제적 자유의 강화를 요구하면 보수로 간주된다.

정치적 자유주의를 옹호한 초기의 대표적 사상가로 밀John Stuart Mill을 꼽을 수 있다. 밀이 《자유론》에서 옹호한 자유는 사회적 권력에서 벗어나 개인이 누려야 할 자유이다. 개인의 자유를 침해하는 대표적인 사회적 권력은 정치권력이다. 그런데 개인의 자유에 대한 정치권력의 침해는 민주주의의 발전과 더불어 점차 약화되고 있다. 오히려 더 문제가 되는 사회적 권력은 여론이나 국민 정서이다. "사회에서 널리 통용되는 의견이나 감정이 부리는 횡포"가 점점 심각해지는 것이다.[1]

밀에 따르면 이러한 사회적 권력에서 벗어나 개인이 누려야 할 자유는 크게 세 가지다. 첫째는 내면적 의식의 영역에서 이루어져야 할 자유로 양심의 자유, 생각과 감정의 자유, 의견과 주장의 자유 등이 여기에 속한다. 둘째는 각 개인은 자신의 기호를 즐기고 자신의 희망을 추구할 자유가 있다. 셋째는 각 개인은 어떤 목적의 모임이든 자유롭게 결성할 수 있는 자유가 있다.[2]

그렇지만 이 세 가지 자유가 각 개인에게 무한히 보장되는 것은 아니다. 밀이 누차 강조하는 자유의 대원칙은 타인에게 피해를 주지 않는 한에서 개인의 자유가 보장되어야 한다는 것이다.

> 인간 사회에서 누구든 — 개인이든 집단이든 — 다른 사람의 행동의 자유를 침해할 수 있는 경우는 오직 한 가지, 자기 보호를 위해 필요할 때뿐이다.

> 다른 사람에게 피해를 주지 않는 한, 각자의 개성을 다양하게 꽃피울 수 있어야 한다.

1 존스튜어트 밀, 《자유론》, 서병훈 옮김(책세상, 2005), 23쪽.
2 《자유론》, 34-35쪽.

어느 누구의 어떤 행동이든 다른 사람의 이익을 부당하게 침해하면, 바로 그 순간부터 사회가 그에 대해 사법적 권한을 가진다.[3]

이처럼 앞서 언급한 세 가지 자유는 매우 중요하지만 그 자유가 타인의 자유를 침해하거나 타인에게 피해를 줄 경우에는 허용될 수 없다. 그 외에도 미성년자나 미개인 등과 같이 미성숙한 사람에게는 자유의 향유권이 주어질 수 없다. 자유의 향유권은 "인류가 자유롭고 평등한 토론을 통해 진보를 이룩할 수 있는 시대에나 성립되지, 그런 때에 이르지 못한 상태에서는 생각할 수 없는 것"이다.[4]

이런 제한 조건에 해당하지 않는다면 개인의 자유는 한껏 보장받아야 한다. 그리고 이렇듯 개인의 자유가 한껏 보장되어야 개인은 "더욱 고귀하고 아름다운 존재"가 될 수 있다.[5]

인간이 불완전한 상태에서는 서로 다른 의견이 존재하는 것이 유익하듯이, 삶의 실험도 다양하게 이루어지는 것이 필요하다.

사람의 지각, 판단, 특이한 감정, 정신 활동 그리고 심지어 도덕적 선호(選好)와 같은 능력들도 오직 선택을 거듭하는 과정을 통해서만 단련될 수 있다. 그저 관습이 시키는 대로 따라 하기만 하는 사람은 아무런 선택도 하지 않은 것이나 다름없다. …… 근육과 마찬가지로 사람의 정신이나 도덕적 힘

3 《자유론》, 30, 108, 142쪽.

4 《자유론》, 32쪽.

5 《자유론》, 119쪽.

도 자꾸 써야 커진다.

인간은 본성상 모형대로 찍어내고 그것이 시키는 대로 따라 하는 기계가 아니다. 그보다는 생명을 불어넣어 주는 내면의 힘에 따라 온 사방으로 스스로 자라고 발전하려 하는 나무와 같은 존재이다.[6]

첫 번째 인용문에서부터 이야기를 풀어보자. 인간은 불완전하며 전지전능한 신이 아니다. 밀은 이것을 전제로 서로 다른 의견이 존재하는 것이 유익하다는 결론을 이끌어낸다. 인간은 불완전하기 때문에 서로 다른 의견이 존재하는 것이 유익하다. 밀은 이 주장을 생각과 토론의 자유를 강조하는 부분에서 자세히 언급한다. 서로 다른 의견이 존재하는 것이 유익한 까닭은 다음과 같다.

첫째, "권력을 동원해서 억누르려는 의견이 옳은 것일"[7] 수 있기 때문이다. "이 사실을 부인하면 우리 자신이 절대적으로 옳음을 전제하는 셈이 된다."[8] 둘째, 서로 대립하는 의견들 중 어느 하나는 참이고 다른 하나는 거짓으로 확연히 구분되는 경우보다는 둘 모두 어느 정도 참을 담고 있는 경우가 더 일반적이기 때문이다.[9]

인간은 "오류를 범하지 않는 절대적 존재가 아니"[10]므로 절대적 진리 또한 알기 어렵다. 따라서 한 의견만이 옳다고 다른 의견을 억누르는 것

6 《자유론》, 108, 111-112, 113쪽.

7 《자유론》, 43쪽.

8 《자유론》, 101쪽.

9 《자유론》, 89쪽.

10 《자유론》, 108쪽.

은 바람직하지 않다. 다양한 의견이 공존하는 가운데 토론을 통해 적절한 의견을 선택해나가야 한다. 그러한 토론과 선택은 의견의 타당성을 강화할 뿐만 아니라 의견의 실행 가능성도 높인다. 어떤 의견이 전적으로 옳은 것이라고 할지라도 토론을 통해 진지하게 시험받지 않으면 사람들이 그 의견을 적절히 이해하지도 느끼지도 못하고 따라서 실천으로 옮기지도 못한다.[11]

의견의 실험이 생각과 토론의 자유를 통해 활발히 모색되는 것이 유익하듯이 개인의 삶도 다양한 상황 속에서 자유로운 선택을 통해 활발히 모색되는 것이 바람직하다.[12] 절대적으로 올바른 삶의 유형이란 존재하지 않는다. 어떤 삶이 어떤 개인에게 적합한 삶의 유형인지에 대한 정답은 존재하지 않는다. 우리는 다양한 상황 속에 던져져 있다. 다양한 상황에서 각 개인은 자신의 지각, 판단, 감정, 취향 등을 힘껏 사용하여 자신에게 올바른 삶을 자유롭게 선택해나가야 한다. 관습적 모형을 좇아가는 삶은 고귀할 수도 아름다울 수도 없다. 저마다 스스로 갈고닦은 삶이 자라나고 뻗어나야 개개인의 고귀하고 아름다운 삶이 된다. 그리고 이런 개인의 삶이 다양하게 꽃피는 사회와 국가가 발전의 가능성이 높다.

> 유럽이 지금까지 이런 운명의 나락으로 떨어지지 않고 버틸 수 있었던 것은 무엇 때문인가? 무엇이 유럽 민족들로 하여금 정체되지 않고 계속해서 진보할 수 있게 만들었는가? …… 유럽을 유럽답게 만든 요인, 그것은 바로

11 《자유론》, 101쪽.

12 이와 연관하여 밀은 '자유 및 상황의 다양성'을 강조하는 훔볼트를 인용한다. 밀이 정리한 훔볼트에 따르면, 자유 및 상황의 다양성이라는 두 가지가 결합하여 '개별적 활력과 고도의 다양성'이 생기고, 이로부터 독창성이 자란다. 《자유론》, 110쪽.

성격과 문화의 놀라운 다양성이다. …… 전진하는 경로를 여럿 가지고 있었고 다면적인 발전을 추구하였다는 점, 전적으로 이 덕분에 유럽의 오늘이 있을 수 있었다.[13]

밀이 자유를 옹호하는 가장 큰 이유는 자유가 인간 개개인 나아가 인간 사회를 고귀하고 아름답게 가꿀 수 있다는 데 있다. 그리고 자유가 개인과 사회를 발전시킬 수 있는 가장 큰 이유는 다양한 개성, 다양한 의견, 다양한 상황 속에서 자유로운 의지와 모색을 통해 개인이 자신의 개성을 살리고 사회가 적절한 의견을 마련해나가는 일이 가능하다는 데 있다.

13 《자유론》, 134-135쪽.

프래그머티즘

다원주의의 근대 영국식 판본이 자유주의라면 현대 미국식 판본 은 프래그머티즘이다. 프래그머티즘의 밑바탕에는 사상과 표현의 자유에 대한 강조가 담겨 있으며 문화 다양성에 대한 포용이 깃들어 있다. 프래그머티즘은 미국의 남북 전쟁 후 탄생했다. 남북 전쟁은 의견이 다른 사람을 죽여도 좋다는 양자택일의 폭력이었다. 전쟁이 끝난 후 고민이 깊어진다. "프래그머티즘은 사람들의 신념이 쉽게 폭력으로 변질되지 않게 하기 위해서 고안된 것이다."[14]

이를 위해 프래그머티즘은 종교적 교리나 윤리적 계율이 아닌 세속적 민주주의를 선택한다. 민주주의는 반대자에게도 의견을 표현할 자유를 허용한다. 올바른 의견이 미리 주어져 있지는 않다. 프래그머티즘은 변하지 않는 궁극적 실재에 대한 영원한 진리나 지식을 추구하는 일을 비판한다. "모든 '고전적'이고, 청아하고, 완결되고, '고상하고', 부동하고, 영구적인 세계관은 삶이 구체적으로 동반하는 특성을 그리고 삶이 드러

14 루이스 메넌드, 《메타피지컬 클럽》, 정주연 옮김(민음사, 2006), 564쪽.

내는 존재의 표현을 위반한다."[15]

삶은 세상과 끊임없이 상호 작용하며 경험을 낳는다. "모든 경험은 살아 있는 창조물과 그가 살고 있는 세계의 어떤 부분 사이에 이루어지는 상호 작용의 결과이다."[16] 우리는 세계를 이미 주어지고 정해진 것으로서 경험하지 않는다. 경험에서 이미 주어지고 정해진 토대를 발견하려는 시도는 헛된 일이다.[17] 경험을 통해 우리는 진리를 지속적으로 구성하고 또 재구성해나가야 한다. 그런데 이렇게 구성된 진리가 자의적 진리, 즉 각자 나름으로 구성되는 진리에 그치는 것은 아니다. 프래그머티즘은 공동체나 사회의 합의를 중시하기 때문이다.

진리, 객관성, 지식 등은 공동체나 사회의 합의에 의해 이루어진다. 그렇지만 그러한 합의가 단일하게 이루어질 수 있는 것은 아니다. 진리, 객관성, 지식 등에 대한 다수의 합의가 가능하고 바람직하다. 여기서 우리는 다원성과 마주한다. "사물들은 다수의 방식으로 상호 간에 '더불어' 존재하지만, 그 어떤 사물도 모든 사물을 포괄하거나 지배하지 못한다. '그리고'라는 단어가 모든 문장 끝에 따라다닌다. 무엇인가가 항상 도망간다. 모든 것을 포괄하려는 그 어떤 최선의 시도에도 '결코 완전하지 않

15 Ralph Perry, *The Thought And Character Of William James* (Boston: Little, Brown And Company, 1935), 700쪽.

16 John Dewey, "Art As Experience", *John Dewey: The Later Works, 1925~1953*, Vol. 10, Jo Ann Boydston (ed.) (Carbondale and Edwardsville: Southern Illinois University Press, 1989), 50쪽.

17 프래그머티스트들의 경험 개념에 대한 더 상세한 논의를 위해서는 다음 글들을 참고하기 바란다. William James, "A World Of Pure Experience", *The Works Of William James: Essays In Radical Empiricism*, Frederick Burkhardt (ed.) (Cambridge, Mass.: Harvard University Press, 1976); John Dewey, "The Need For A Recovery Of Philosophy", *Essays, John Dewey: The Middle Works, 1899~1924*, Vol. 10(1980); Experience And Nature, John Dewey: The Later Works, 1925~1953, Vol. 1(1981).

다'는 것이 언급되어야만 한다. 따라서 다원주의적 세계는 제국이나 왕국보다는 연방 공화국에 더 가깝다. 아무리 많은 것들이 집합된다 할지라도, 아무리 많이 어떤 의식이나 행동에 유효한 중심이 드러난다 할지라도, 다른 무엇인가는 자치적이고 부재하며 통일성에 환원되지 못한다. …… 다원주의는 개별적 형태로 혹은 배분적으로 사물들을 존재케 한다. 일원주의는 전체적 형태 혹은 집합적인 단위 형태가 합리적인 유일한 형태라고 생각한다."[18]

프래그머티즘의 또 다른 특성은 오류 가능론fallibilism이다. "전체적으로 보아서 우리는 완벽한 확실성이나 정확성에는 결코 도달할 수 없다. 우리는 어떤 것을 절대적으로 확신할 수 없으며, 또한 어떤 척도나 비율의 정확한 가치를 완벽히 확증할 수도 없다."[19] 지금 여기에서의 진리가 다른 시공간에서는 진리가 아닐 수 있으며, 다른 시공간에서의 진리가 지금 여기에서는 진리가 아닐 수 있다. 그렇지만 오류 가능론이 어떤 좌절이나 결점을 표명하는 것은 아니다. 오류 가능론은 전지全知의 부재뿐만 아니라 모든 도그마의 취약성, 탐구와 실험의 중요성, 그리고 삶의 미래 지향성과 우연성을 나타낸다.[20]

18 William James, "A Pluralistic Universe", *William James: Writings 1902~1910*, Bruce Kuklick (ed.) (New York: The Library Of America, 1987), 776-777쪽.

19 Charles Peirce, *Philosophical Writings Of Peirce*, Justus Buchler (ed.) (New York: Dover, 1955), 58·356쪽.

20 John Stuhr, *Classical American Philosophy: Essential Readings And Interpretive Essays* (New York: Oxford University Press, 1987), 6쪽.

다원주의 사회와 문화

경쟁하는 많은 신념들이 시간을 이기지 못하고 무너졌다는 사실을 깨닫고 나면 사상의 자유로운 거래야말로 궁극의 선이라는 염원에 더 잘 도달할 수 있는 길임을 믿게 될 것이다. …… 그것은 어쨌든 우리 헌법의 이론이다. 그것은 실험이다. 모든 삶이 실험이듯이 …… 그런 실험이 우리 체제의 일부인 상황에서, 우리는 우리가 혐오하고 또 죽음이 드리웠다고 믿는 의견의 표현을 억제하려는 시도들을 영원히 경계해야 한다. 만약 그 의견이 법의 합법적이고 아주 중요한 목적들을 즉각적으로 방해할 조짐을 보이는 바람에, 나라를 구하기 위해 즉각적인 억제가 필요한 상황만 아니라면 말이다.

헌법으로 보장되는 자유로운 표현의 권리는 우리 사회처럼 다양하고 인구가 많은 사회에서 강력한 치료제 역할을 한다. 그 권리는 공개토론의 장에서 정부의 규제를 제거하고, 어떤 견해가 표명되어야 할지에 관한 결정을 주로 우리들 각자의 손에 맡기려는 의도로 고안되었다. 그런 자유의 사용이 결국에는 더 유능한 시민들과 더 완벽한 정체를 낳으리라는 기대로 말이다. …… 때때로 온갖 시끄러운 소리들이 난무하는 것 같을지도 모른다는 점은,

이런 의미에서 약점이 아니라 강점으로 보인다.[21]

첫 번째 인용문의 화자는 홈스O. W. Holmes, Jr., 두 번째는 할란J. M. Harlan이다. 미국 대법관들의 이러한 주장은 "의회는 종교의 설립을 편애하는, 또는 종교의 자유로운 활동을 금지하는, 또는 발언이나 출판의 자유를 축소하는, 또는 평화롭게 회동하는 권리와 불만의 시정을 정부에 청원하는 권리를 축소하는 그 어떤 법도 제정하지 못한다"는 수정헌법 1조의 정신을 강화하며 다양한 생각과 다양한 가치와 다양한 표현이 거침없이 경쟁하는 풍토를 법적으로 지원했다. 이들의 주장은 자유주의와 프래그머티즘에 닿아 있다. 자유주의와 프래그머티즘의 정신은 미국 사회 전반으로 확산되며 다원주의 사회를 구축하는 데 기여했다.

종교의 자유를 위해서, 민족 차별을 견디지 못해서, 사상의 탄압을 피하기 위해서, 새로운 기회를 얻기 위해서, 노예로 강제로 끌려와서 등등의 이유로 미국에 이주한 서로 다른 배경을 가진 다양한 사람들은 서로 다른 종교, 서로 다른 취향, 서로 다른 피부, 서로 다른 가치와 마주해야 했다. 이처럼 다양한 배경을 가진 사람들로 구성된 사회를 유지하기 위해서는 차이를 인정하는 다원주의가 필요했다. 민족, 사상, 계급, 인종이 다르다는 이유로 박해받고 차별당한 경험을 공유하는 미국 이주민들 사이에서는 서로의 차이를 인정하는 분위기가 상대적으로 강했다. 그리고 흑인, 여성, 동성애자 같은 사회적 약자들의 권리를 보장받기 위한 시민권 운동이 적극적으로 펼쳐졌다. 이러한 노력에 힘입어 차이를 인정하

21 앤서니 루이스, 《우리가 싫어하는 생각을 위한 자유: 미국 수정헌법 1조의 역사》, 박지웅·이지은 옮김(간장, 2010), 64, 194쪽.

는 다원주의가 신장했다.

다원주의에 영향을 끼친 사조로는 근대의 자유주의와 20세기 전반의 프래그머티즘에 이어 20세기 후반의 포스트모더니즘을 들 수 있다. 포스트모더니즘은 근대라는 시대가 구축해놓은 중심에 대한 도전이다. 도전이 시작되자, 그간 주류에 의해 경시되거나 억압되었던 다양한 목소리들이 분출되어 나왔다. 후기 구조주의, 페미니즘, 네오프래그머티즘, 포스트콜로니얼리즘, 포스트휴머니즘 등으로 이루어진 포스트모더니즘은 그 다양한 목소리의 권리를 찾아주려 했다. 이성, 서양, 남성, 진리, 의식, 고전이라는 근대의 주요한 소리에 묻혀 있던 감성, 지역, 여성, 카오스, 무의식, 통속 등도 제소리를 찾아갈 수 있게 했다.

오늘날 다원주의는 전 세계로 확산되었다. 국제화 또는 세계화와 더불어 다양한 인종과 문화가 혼재하는 것이 두드러진 현상이 되었다. 그리고 이러한 혼재를 공존으로 인정하는 다원주의 또한 널리 자리 잡았다. 이러한 추세에 발맞추어 유네스코는 2001년 파리에서 열린 제31차 유네스코 총회에서 '세계 문화 다양성 선언'을 채택했다.

전체 12조로 구성된 이 선언의 1조와 2조는 다음과 같다.

제1조 문화 다양성: 인류의 공동 유산

문화는 시공간에 여러 형태로 나타난다. 이 다양성은 인류를 구성하는 집단과 사회의 정체성과 독창성을 구현한다. 생태 다양성이 자연에 필요한 것처럼 교류·혁신·창조성의 근원으로서 문화 다양성은 인류에게 필요한 것이다. 이러한 의미에서, 문화 다양성은 인류의 공동 유산이며 현재와 미래 세대를 위한 혜택으로서 인식하고 확인해야 한다.

제2조 문화 다양성에서 문화 다원주의로

점점 다양해지는 우리 사회에서는, 함께 살려는 의지와 더불어 다원적이고 다양하며 역동적인 문화 정체성을 지닌 사람들과 집단의 조화로운 상호 작용을 반드시 보장해야 한다. 모든 시민을 포용하고 모든 시민이 참여할 수 있게 하는 정책은 사회적 단결, 시민 사회의 역동성과 평화를 보장한다. 그러므로 문화 다원주의는 문화 다양성을 실현하려는 명백한 정책 표현이다. 민주 체계에서 분리할 수 없는 문화 다원주의는 문화 교류와 공공의 삶을 지탱해주는 창조적인 역량을 풍성하게 하는 데 이바지할 수 있다.

이 선언에 따르면, 문화의 다양성은 인류를 구성하는 집단과 사회의 정체성과 독창성을 구현하며, 다양성을 구현하려는 정책적 표현인 문화 다원주의는 사회적 단결, 시민 사회의 역동성과 평화에 이바지한다. 문화의 다양성을 인정해주지 않을 경우 서로 다른 문화의 정체성 또한 일부만 인정받고 일부는 인정받지 못할 수 있다. 각 문화의 정체성이 인정받으려면 어떤 기준에 의해 인정과 배척이 결정되기보다는 다양한 문화가 인정받는 쪽으로 가야 한다. 독창성은 일반화나 표준화를 통해서는 자라나기 어렵다. 다양한 개성을 존중하는 풍토가 조성되어야 독창성이 꽃핀다. 그리고 각 시민의 다양한 정체성과 독창성을 구현케 하는 사회가 더 역동적이다. 시민은 자신의 정체성과 독창성이 구현되는 사회에서 살기를 원한다. 그러한 사회의 유지와 발전을 위해 힘을 합칠 것이다. 따라서 사회의 단결과 평화도 장기적으로는 커진다.

다원주의 미학을 위하여

다원주의는 사상, 사회, 문화, 예술의 영역으로 확산되고 있다. 이 책은 미학의 영역에서 다원주의를 고찰하는 데 주목적이 있다. 이를 위해 먼저 다원주의를 예술과 연관시켜 살펴보고, 다음으로 다원주의를 비평과 관련시켜 살펴보려 한다.

예술

미학에서 최초의 예술 이론으로 꼽는 것이 모방론이다. 모방론은 예술이 외부 세계를 모방하는 일을 주업으로 삼는다고 주장한다. 모방론은 고대 그리스 예술을 배경으로 등장했다. 고대 그리스 시대의 사람들은 예술이 외부 대상이나 사건을 실재하는 것처럼 생생히 재현하기를 바랐고, 그런 예술을 높이 평가했다.

그런데 당대의 철학자 플라톤은 이러한 고대 그리스 예술의 모방적 활동을 매우 부정적으로 평가했다. 플라톤의 《국가》에 등장하는 침대에 관한 비유와 동굴 우화는 그림의 모방적 활동이 진실이나 본질로부터 우리를 멀어지게 한다는 점을 강조하고 있다.

이러한 부정적 평가를 누그러뜨리기 위해서는 그림의 모방적 활동도 진실이나 본질에 다가갈 수 있다는 방향으로 논의가 이루어져야 했다. 즉, 그림의 모방적 활동이 외부 세계의 현상에 대한 시각적 모방일 뿐만 아니라 외부 세계의 본질에 대한 철학적 모방이기도 하다는 관점을 취해야 했다. 그림의 모방적 활동이 외부 세계의 현상적 결점을 보충하여 이상적 세계를 형상화하는 방향으로까지 나아간다고 봐야 했던 것이다.

그러한 논의의 단초를 제공한 이론가로 고대 그리스 시대에는 아리스토텔레스가 있고, 로마 시대에는 플라톤의 입장을 변형한 신플라톤주의자 플로티누스Plotinus가 있다. 이들 이론가 덕분에, 예술의 모방적 활동은 성상파괴주의자들의 도전을 넘어 중세의 종교 예술로 나아가고, 르네상스 시기에 이르러 절정을 맞이한다.

이후에도 모방론의 영향력은 지속되어 18세기에 '파인 아트fine art', 즉 미술이라는 용어를 탄생시키는 데도 결정적인 역할을 했다. 파인 아트라는 용어를 정립시키는 데 기여한 바퇴Charles Batteux의 논문 〈하나의 원리로 환원되는 파인 아트〉에서 '하나의 원리'는 아름다운 자연을 모방한다는 원리이다.

18세기를 넘어서면서 예술이 모방적 활동이라는 입장은 많이 쇠퇴했다. 그렇지만, 외부 세계를 생생히 모방하려는 인간의 욕망이 지속되는 한 모방론은 쉽게 사라지지 않을 것이며, 현대에도 사실주의나 포토리얼리즘 등을 통해 명맥을 유지하고 있다. 그리고 디지털 기술의 발달과 함께 오늘날 등장하고 있는 가상 현실은 외부 세계를 생생히 모방하려는 인간의 욕망이 얼마나 깊고 질긴지를 잘 드러내준다.

미학에서 두 번째로 등장한 예술 이론은 표현론이다. 표현론은 18세기 독일 낭만주의 예술을 배경으로 등장했다. 독일에서 시작된 낭만주의는 프랑스 계몽주의에 대한 반발로 시작되었다. 계몽주의는 이성의 빛으로 세상에 조화와 질서를 불어넣으려 했지만, 낭만주의는 이성의 빛만으로는 설명할 수 없는 또 다른 소중한 세상이 있다고 생각했다. 그것은 꿈, 신화, 신비, 환상, 무한, 불가해 등의 영역이다. 그러한 영역은 이성적으로 명료하게 해명될 수 없지만, 그렇다고 무가치한 영역은 아니다.

우리는 때로 꿈, 신화, 환상, 무한 같은 영역을 통해 도약하고 구원받는다. 낭만주의 예술가들은 이성을 통해서는 그러한 영역에 도달할 수 없다고 보았다. 그 영역에 도달하기 위해서는 직관, 감성, 상상의 능력이 중요하다. 그리고 그러한 능력은 평범한 사람의 몫이 아니다. 자유롭고, 열정적이고, 역동적이고, 때론 광기 어린 천재나 초인의 몫이다. 예술은 그러한 천재나 초인들의 직관과 감성과 상상력이 푸르게 꽃피어 표현되는 꿈, 신화, 환상, 무한, 불가해 등의 영역인 것이다.

독일에서 시작된 낭만주의는 유럽 전역으로 확산되며 예술에 지대한 영향을 끼쳤다. 합리성, 질서, 조화, 일상, 아름다움과 대비되는 감성, 무질서, 공포, 추, 숭고, 불안이 예술의 한편을 차지한 데는 낭만주의의 공이 크다. 거칠게 말해, 낭만주의는 고대 그리스의 디오니소스 축제를 부활시켜 초현실주의의 여울목을 거치게 한 후 현대 아방가르드 예술로 이어준다. 낭만주의는 고대 디오니소스의 자식이자 현대 아방가르드의 아버지인 것이다.

이러한 배경에서 성립된 낭만주의 예술은 외부 대상에 대한 모방이나 재현보다는 작가의 독창적인 감정을 상상력을 통해 표현하는 일에 초점을 맞춘다. 그리고 그러한 표현을 위해서라면 외부 대상에 대한 모방이나 재현은 약화되거나 왜곡되어도 무방하다. 따라서 낭만주의 예술이 발흥함에 따라, 모방론은 예술이란 무엇인가에 대한 답변으로서의 영향력을 잃기 시작했다. 이제 낭만주의 예술을 설명할 수 있는 더 포괄적인 답변이 필요하게 되었으며, 그 필요성을 충족시킨 답변이 표현론이다.

표현론의 대변인으로 꼽히는 이론가로는 톨스토이L. N. Tolstoy, 크로체Benedetto Croce, 콜링우드R. G. Collingwood, 랭거Susanne Langer 등이 있다. 톨스토이에 따르면, 예술은 예술가 자신이 느낀 감정을 다른 사람도 동일한 감정으로 경험하게끔 전달하는 일이다. 여기서 중요한 것은 전달되는 감정의 질이다. 예술가는 자신이 경험한 감정 중에서도 삶 속에서 성취한 가장 높고 가장 좋은 감정을 감상자들에게 전달하여 감상자의 삶을 고양하고 나아가 사회를 발전시켜야 한다.

표현론에 속하지만 크로체, 콜링우드, 랭거의 입장은 톨스토이식 표현론과는 다르다. 크로체, 콜링우드, 랭거의 표현론에서 예술은 우리의 혼란스럽고 모호한 감정을 정리하여 명료하게 만들어주는 기능을 한다. 논리적 언어를 통해 우리의 사유를 정리하여 명료화할 수 있듯이, 감성적인 예술을 통해 우리의 감정을 정리하여 명료화할 수 있는 것이다. 감정의 영역이 예술을 통해 정리되고 분명해질 경우, 감정의 영역 또한 이성의 영역만큼이나 조화롭고 질서 있게 된다.

표현론 다음으로 등장한 예술 이론이 형식론이다.[22] 모방론이 세계의 외부에, 표현론이 작가의 내부에 초점을 맞추었다면, 형식론은 작품 자체에 초점을 맞춘다. 형식론은 추상 예술을 바탕으로 등장했지만, 그

22 예술론으로서의 형식론에 대해서는 본론에서 논의 전개를 위해 언급은 하지만 독립된 장으로 상세히 다루지는 않는다. 형식론에 대한 더 자세한 논의는 김진엽, 《예술에 대한 일곱 가지 답변의 역사》(책세상, 2007)를 참고하기 바란다.

외에도 예술 이론의 과학화 움직임이나 칸트Immanuel Kant의 형식주의 미학 등에 영향을 받았다.

형식론에 따르면, 어떤 대상을 예술로 만드는 것은 선, 색, 소리, 이미지, 문자 등 예술이 지닌 형식적 요소이다. 형식론을 통해 이제 예술은 예술 작품 외부에 존재하는 세계나 작가로부터 벗어나 예술 작품 자체만의 고유한 형식에 초점을 맞추게 된다. 문학에서는 러시아 형식주의, 그리고 신비평New Criticism을 대변하는 웰렉René Wellek, 브룩스Cleanlth Brooks, 비어즐리M. C. Beardsley가, 음악에서는 한슬리크Eduard Hanslick가, 미술에서는 프라이Roger Fry와 벨Clive Bell이 형식론을 전개한다. 특히 미술에서 그린버그Clement Greenberg가 이 형식론에 영향을 받아 이른바 모더니즘 미술 비평을 전개했다. 그린버그는 미술의 형식적 요소에 집중하여 인상주의, 후기 인상주의, 큐비즘, 추상표현주의, 색채 추상으로 이어지는 모더니즘 미술 발전의 계보를 완성했다.

이 형식론은 다다Dada 류의 예술이 등장하면서 흔들리게 된다. 예컨대, 뒤샹Marcel Duchamp의 〈샘Fountain〉은 일반 소변기와, 워홀Andy Warhol의 〈브릴로 상자Brillo Box〉는 물품 상자와 형식적인 면에서는 차이가 없다. 형식론에 따르면, 어떤 두 대상이 형식적으로 동일할 경우 그 두 대상의 예술 여부에 대한 판정도 동일하게 이루어져야 한다. 그러나 뒤샹의 〈샘〉과 워홀의 〈브릴로 상자〉는 예술 작품이고 일반 소변기나 물품 상자는 예술 작품이 아니라는 상반된 판정을 내리는 것이 상식이다. 형식론은 이 상식에 벗어나기 때문에 난관에 부딪힌다.

이 난관에 부딪혔을 때, 미학에서의 대응 방식은 크게 두 가지로 나타난다. 하나는 다원론이고, 다른 하나는 제도론이다. 다원론은 판단의 근거를 작품 해석을 통한 의미 부여의 여부에서, 제도론은 예술의 제도를 통한 자격 수여의 여부에서 찾는다. 다원론 시대의 전조를 드러낸 이론은 와이츠Morris Weitz의 '예술 정의 불가론'이고, 만개를 선포한 이론은 단토Arthur Danto의 '예술의 종언' 개념이다. 비록 디키George Dickie가 제도론을 내세우며 다양성을 제도적으로 용인된 다양성으로 축소하려 했어도, 예술 현상은 제도를 넘어 더 폭넓고 자유롭게 다양성을 구가하며 나아갔고, 미학에서도 이러한 현상을 인정하고 고무하는 다원론이 등장한다.

모방론의 시대에는 모방을 잘한 작품만이 예술로 인정받았다. 표현론의 시대에는 표현을 잘한 작품만이 예술로 인정받았다. 형식론의 시대에는 형식의 아름다움을 잘 구성한 작품만이 예술로 인정받았다. 다원론의 시대에는 모방적 작품도, 표현적 작품도, 형식적 작품도 모두 예술로 인정받는다. 한 화가가 오늘은 모방적 그림을 그리고, 내일은 표현적 그림을 그리고, 모레는 형식적 그림을 그리고, 글피는 또 다른 무엇을 그려도 무방하다. 이 화가는 모방적 그림을 그리고, 저 화가는 표현적 그림을 그리고, 또 다른 화가는 형식적 그림을 그려도 무방하다. 바사리Giorgio Vasari식 르네상스 시대에는 모방적 그림이 칭송을 받았고, 그린버그식 모더니즘 시대에는 형식적 그림이 칭송을 받았다.

그렇지만, 다원론의 시대에는 어떤 거대 내러티브가 어떤 양식을 정당화하고 그 양식이 다른 양식을 억누르는 풍조는 더 이상 통하지 않는다. 어떤 양식이 다른 양식을 억누르는 일 없이 소통된다.

비평

비평은 기술, 해석, 평가로 이루어지지만, 해석을 어떻게 하느냐 에 따라 기술과 평가가 달라지기도 한다. 이 책에서는 비평을 해석과 연관하여 의도주의, 형식주의, 후기 구조주의 등을 통해 살펴볼 것이다.

의도주의는 저자의 의도를 가지고 작품의 의미를 해석한다. 고흐Vincent van Gogh의 〈별이 빛나는 밤Starry Night〉에서 별과 나무는 왜 그리 요동치는 것일까? 저자인 고흐의 의도에 근거하여 그 까닭을 추측한다. 그러나 그 추측이 객관성이 있을까? 고흐가 직접 자신의 의도를 밝히지 않는 이상, 그의 의도에 대한 추측은 결국 감상자의 주관적 추측인 것이며 갑론을박의 소지를 열어놓을 수밖에 없다. 고흐가 부활해서 직접 의도를 밝히면 문제가 해결될까? 부활해서 보니 자신이 굉장히 유명해진 것을 깨달은 고흐가 좀 더 그럴듯하게 자신의 의도를 각색할 수도 있다. 그리고 살아 있을 때에도 의도 부풀리기는 가능하다. 저자가 작품의 형식 속에는 담겨 있지 않은 의도를 과장해 이야기할 수 있는 것이다.

이러한 객관성의 결여 때문에, 형식주의는 저자의 의도를 배제한 채 작품의 형식적 구조만으로 작품을 해석하는 것이 객관성을 보장받을 수 있다고 주장한다. 문장의 구조, 선과 색들의 결합, 음악의 형식 등을 주의 깊게 탐색하면 작품이 발생시키는 의문을 객관적으로 해소할 수 있다는 것이다. 이를 위해 형식주의는 작품을 분석하는 다양한 기법을 개발하려고 노력했다.

물론, 아무리 열심히 형식의 구조를 분석해도 여전히 모호한 작품이 존재한다. 이런 작품은 다시 창작되어야 한다. 즉 작품은 '잘 빚어진 항아리'가 되어야 한다. 잘 빚어진 항아리의 경우, 항아리의 곳곳을 주의 깊게 탐색하면 우리는 우리의 의문을 객관적으로 해소할 수 있다. 러시아 형식주의, 미국의 신비평, 프라이의 형식주의 등이 모두 이러한 점을 전제한다.

그런데 후기 구조주의는 작품의 형식적 구조 또한 저자의 의도와 마찬가지로 작품의 의미에 대한 객관성을 보장해줄 수 없다고 주장한다. 데리다Jacques Derrida의 주요 개념인 '차연différanee'은 단어의 의미가 그 단어가 속한 구조 내에서 다른 단어들과의 차이에 의해 끝없이 미결정 상태에 놓여 있음을 주장한다.

작품의 의미도 마찬가지다. 작품의 형식적 구조가 작품의 의미를 결정해주지는 못한다. 결정의 통제권을 행사할 수 있는 형식적 구조의 중심은 없다. 형식의 구조가 어떤 작품의 의미를 생성하느냐는 우연적이며 자의적이다. 작품의 의미는 자의적으로 구성되는 것이다. 작품 의미의 자의성은 바르트Roland Barthes가 '저자의 죽음'을 선언하면서 더욱 강화된다. 바르트는 작품의 의미에 대한 저자의 결정권이 소멸해가고 있음을 역사적으로 분석함으로써 형식주의에 대한 부인이 의도주의로의 복귀가 될 가능성을 막아버렸다. 데리다와 바르트로 대변되는 후기 구조주의는 지금껏 비평의 제어 틀로 기능했던 양대 축인 의도주의와 형식주의를 해체했다. 이제 비평은 제어되지 않는다. 각자 나름의 비평을 자유롭게 즐기는 시대가 열렸다.

다원주의 비평의 시작이다. 작품 속에는 다양한 세계가 있다. 저자가 의도한 세계, 작품의 형식적 구조가 자체적으로 구현하는 세계, 해석자가 구성해내는 세계, 역사적 또는 문화적 문맥 속에서 발현되는 세계 등 많은 세계가 가능하며, 어떤 하나의 비평의 방법이 그 많은 세계를 모두 탐색해낸다는 것은 불가능하다. 다양한 비평의 방법이 필요하며, 예술은 다양한 비평의 방법을 통해 풍요로워진다. 한 가지 비평 방법만을 고집하며 작품의 다양한 의미를 사장시키는 일은 바람직하지 않다. 더 많은 비평의 방법을 개발하고, 더 많이 작품의 의미를 읽어내고, 그리하여 예술과 세상을 풍요롭게 하는 일, 다원주의 미학은 비평의 그러한 역할을 중요시한다.

2장에서는 예술을 중심으로, 3장에서는 비평을 중심으로 다원주의 미학을 살펴본 후, 4장에서는 그러한 고찰에 바탕을 두고 다원주의 미학이 지닌 몇 가지 문제점을 거론할 것이다.

2

예술

언어는 그 자체로 실재를 구성한다. 언어로서의 예술이 실재로서의 예술을 구성하는 것이다. 그렇다면 예술이라는 실재에 대한 물음은 예술이라는 언어에 대한 물음에 다름 아니다. 그리고 언어는 실질적 사용에 따라 그 의미가 결정된다. 예술이 어떤 의미를 지니느냐는 예술이라는 언어가 실질적으로 어떻게 사용되느냐에 달려 있다. 그러므로 예술의 실재에 대한 탐구는 예술이라는 언어가 실질적으로 어떻게 사용되었는지를 살펴보는 일이 될 것이다.

다른 언어의 사용이 그렇듯 예술이라는 언어의 사용도 시공간에 따라 변화를 거듭했다. 이번 장에서는 서양이라는 공간에 한정하여 예술이라는 언어의 사용이 어떻게 이루어졌는지를 검토해볼 것이다. 그리고 이러한 검토를 통해 다원주의 예술론에 도달할 것이다.

모방

예술이 모방이라는 생각은 상대적으로 오래되었다. 모방론은 존재하는 대상이나 일어나는 사건을 마치 실제로 존재하거나 일어나는 것처럼 모방하는 활동이 예술이라고 주장한다. 모방론은 제욱시스Zeuxis의 그림이나 소포클레스Sophocles의 연극 등이 발전한 그리스 예술을 배경으로 등장했다. 대상이나 사건을 잘 모방한 그리스 예술이 모방론의 등장을 가능케 한 것이다. 이처럼 예술이 모방이라는 주장이 널리 인정되기는 했지만, 모방에 대한 평가는 엇갈렸다. 특히 플라톤은 예술의 모방적 활동에 비판적이었다.

플라톤의 비판

예술의 모방적 활동에 대한 플라톤의 부정적 평가는 그의 저서인《국가》 제10권에서 두드러지게 드러난다. 대화 형식으로 쓰인 다음의 글을 통해 플라톤의 생각을 보자. 여기서 '나'는 소크라테스로, 플라톤의 생각을 대변한다고 할 수 있다. 대화의 상대자인 '그'는 플라톤의 형인 글라우콘이다.

"그러니까 이에 대해 합의하게 되길 바라고서 내가 이런 말을 했던 걸세. 회화와 일체 모방술은 진리에서 멀리 떨어져 있는 자신의 작품을 만들어내며, 또한 우리 안에서 분별(지혜)과는 멀리 떨어진 상태로 있는 부분과 사귀면서, 건전하지도 진실하지도 못한 것과 동료가 되고 친구가 된다고 내가 말했었지."

"전적으로 그렇습니다." 그가 말했네.

"그러므로 모방술은 변변찮은 것과 어울리어 변변찮은 것들을 낳는 변변찮은 것일세."

"그런 것 같습니다."

"시각과 관련된 모방술만 그러한가, 아니면 청각과 관련된 모방술도, 즉 우리가 시라고 일컫는 것도 그러한가?"

"그것 또한 그러한 것 같군요." 그가 대답했네.[1]

여기서 플라톤은 시각과 관련된 모방술인 회화와 청각과 관련된 모방술인 시, 이 양자로 대표되는 예술의 모방적 활동을 두 가지 근거로 비판하고 있다. 첫 번째 근거는 예술의 모방적 활동이 진리로부터 떨어져 있다는 점이며, 두 번째 근거는 분별과는 멀리 떨어져 있는 부분과 사귄다는 점이다.

먼저, 예술의 모방적 활동이 진리로부터 떨어져 있다는 점부터 살펴보자. 플라톤에 따르면, 그림은 실재를 대상으로 있는 그대로 모방하지

1 플라톤, 《국가》, 603a-b, 박종현 옮김(서광사, 1997), 630쪽.

못하고 보이는 것을 대상으로 보이는 그대로 모방한다. 즉, 그림은 진실의 모방이 아닌 보이는 현상의 모방이다. 고삐와 재갈을 예로 들어보자.[2] 이 경우, 고삐와 재갈을 이용할 줄 아는 사람인 말 타는 사람, 고삐와 재갈을 만드는 사람인 대장장이와 가죽 재단사, 고삐와 재갈을 그리는 사람인 화가가 있을 수 있다. 이들 중 누가 고삐와 재갈이 어떤 것이어야 하는지를 가장 잘 알고 있을까? 즉 이들 중 누가 어떤 고삐와 재갈이 좋고 나쁜지를 가장 잘 판단하며, 참된 고삐와 재갈을 알 수 있는가?

플라톤의 대답은 말 타는 사람이다. 말 타는 사람은 고삐와 재갈에 대한 지식을 그것들을 사용함으로써 얻지만, 대장장이와 가죽 재단사는 말 타는 사람의 지시나 가르침을 통해서 얻게 된다. 그런데 화가는 고삐와 재갈에 대한 지식을 그것의 사용을 통해서 얻지도 못하고 사용한 이의 지시나 가르침을 통해서 얻지도 못한다. 화가는 고삐와 재갈에 대해서 지식을 갖추지 못한 채 다만 색채와 형태로만 사람들에게 고삐와 재갈로 보이는 것을 만들어낼 뿐이다. 따라서 화가의 고삐와 재갈은 첫 번째 등급의 고삐와 재갈로부터 두 단계 떨어져 있는 세 번째 등급의 가짜 고삐와 재갈이다.[3]

그림의 모방적 활동이 진리로부터 떨어져 있다는 이러한 비판은 시

2 《국가》, 598b, 601c-d.

3 플라톤의 이러한 생각은 이른바 침대의 비유에서도 나타난다. 세상에는 세 가지 종류의 침대가 있다. 하나는 신이 만드는 침대이고, 다른 하나는 목수가 만드는 침대이고, 마지막 하나는 화가가 그리는 침대이다. 신이 만드는 침대는 참된 침대이고, 목수가 만드는 침대는 참된 침대를 모방한 현상적 침대이고, 화가가 그리는 침대는 현상적 침대를 모방한 영상적 침대이다. 따라서 플라톤에 따르면, 화가가 그리는 침대는 참된 침대를 대상으로 있는 그대로 모방하는 것이 아니라 현상적 침대를 대상으로 보이는 것만 모방하는 것이다. 진실의 모방이 아니라 보이는 현상의 모방인 것이다. 따라서 화가가 그리는 침대는 첫 번째 등급의 참된 침대로부터 두 단계 떨어진 세 번째 등급의 침대이다.

에도 마찬가지로 적용된다. 시인도 자신이 모방하는 것들에 대해 진정으로 알지 못한 채, 운율과 리듬으로 채색해 말할 뿐이다. 플라톤이 구성한 소크라테스와 글라우콘의 대화를 또 들어보자.

"호메로스Homeros가 언급하려고 하고 있는 가장 훌륭한 것들과 관련해서는, 즉 전쟁과 전략, 나라의 경영, 그리고 인간 교육과 관련해서는 그에게 이렇게 질문하는 것이 어쩌면 정당한 일일 걸세. '친애하는 호메로스 님이시여! 만약에 선생님께서 훌륭함과 관련해서 진리로부터 세 번째인 분, 즉 모방자로 우리가 규정한 영상 제작자가 아니라, 두 번째인 분이시며, 어떤 활동들이 사적으로건 공적으로건 간에 사람들을 더 낫거나 더 못하게 만드는지를 아셨다면, 어느 나라가 선생님에 의해 더 잘 경영되었는지를 저희한테 말씀해주십시오. 마치 리쿠르고스에 의해 라케다이몬이, 그리고 다른 많은 사람에 의해 많은 크고 작은 나라가 잘 경영되었듯이 말씀입니다. 어느 나라가 선생님께서 훌륭한 입법가가 되시어 자기들을 이롭게 했다고 주장합니까? 이탈리아와 시켈리아는 카론다스를, 그리고 우리는 솔론을 그런 사람으로 주장하기 때문입니다. 한데, 어느 나라가 선생님에 대해 그럽니까?' 어떤 나라든 그가 이름을 댈 수 있을까?"

"그럴 수 없을 것이라 저는 생각합니다. 그러니까 '호메로스 숭배자들'조차도 그런 말을 하지는 않습니다." 글라우콘이 말했네.

"그러면 호메로스 시대에 그가 지휘하거나 조언함으로써 잘 치러진 것으로 기억되고 있는 어떤 전쟁이 있는가?"

"하나도 없습니다."

(중략)

"만약에 호메로스가 훌륭함과 관련해서 사람들을 이롭도록 할 수 있었다면, 그와 동시대인들이 그나 헤시오도스가 시를 음송하며 떠돌아다니게 내버려두었겠는가? 그들은 황금보다도 오히려 이들을 붙들고서는 자기들 곁에서 집에 머물러 있도록 강요하거나, 만약에 그들이 이들을 설득하지 못했을 경우에는, 이들이 어디로 가건, 이들을 뒤따라 다니지 않았겠는가? 자기들이 충분한 교육을 받게 되기까지는 말일세."[4]

다음으로, 예술의 모방적 활동에 대한 플라톤의 비판이 지닌 두 번째 근거에 대해 살펴보도록 하자. 두 번째 근거는 예술의 모방적 활동이 분별과는 멀리 떨어져 있는 부분과 사귄다는 점이었다.

이 점에 대해서는 시의 경우를 먼저 보자. 플라톤에 따르면, 슬프거나 고통스러운 일을 당했을 때 울거나 짜증 내며 시간을 허비할 것이 아니라 침착하게 해결 방안을 찾아 슬픔이나 고통에서 벗어나는 것이 바람직하다. 후자는 이성적인 방식이고, 전자는 비이성적인 방식이다. 후자는 분별력 있는 방식이고, 전자는 분별력 없는 방식이다. 후자는 최선의 방식이고, 전자는 게으르고 비겁한 방식이다. 우리는 후자의 방식에 익숙하도록 우리 자신을 단련해야 한다. "마치 넘어진 아이들이 상처를 붙잡고 우는 데 시간을 보내듯 할 것이 아니라, 의술로써 비탄이 사라지게 하는 식으로, 상처와 아픈 데를 낫게 하고 바로잡아 가급적 빨리 대처하도록 언제나 혼(마음)을 버릇 들이는 것일세."[5]

그런데 슬픔이나 고통에서 침착하게 벗어나는 이성적이고 분별력 있고 최선인 후자의 방식은 모방하기가 쉽지 않고 모방하더라도 축제 때

4 《국가》, 599c-600e.

5 《국가》, 604c-d.

극장에 몰려든 대중들이 이해하기 어렵다. 반면에, 슬픔이나 고통 앞에서 울거나 짜증 내는 비이성적이고 분별력 없고 게으르고 비겁한 전자의 방식은 모방하기도 쉽고 대중들이 재미있어한다. "개인적인 불운에 처하고도 당시에는 억지로 제지당했으나 실은 실컷 울고 비탄하기를 갈망하는 부분은 그 성향상 그런 것들을 욕구하는 그런 것이어서, 우리의 이 부분이 시인들에 의해 그제야 충족되고 즐거워하게 되는 것이라고 말일세."[6] 따라서 모방적인 시인은 전자의 방식을 따르게 된다. 즉, 분별과 가까운 부분보다는 멀리 떨어진 부분과 사귀게 되는 것이다.

시가 분별과 멀리 떨어진 부분과 사귄다는 플라톤의 이러한 비판은 그림에도 마찬가지로 적용된다. 그림의 모방적 활동 또한 이성적이고 분별력 있는 최선의 방식과 거리가 멀다. 그림의 모방적 활동이 근거하고 있는 시각은 같은 크기의 것을 다르게 보는 혼란을 범한다. "같은 것이 물속에서 볼 때와 물 밖에서 볼 때, 구부러져 보이기도 하고 곧은 걸로 보이기도 하는가 하면, 색채와 관련된 착시로 인해서 오목하게도 또는 볼록하게도 보이네. 이런 종류의 온갖 혼란이 우리의 혼 안에 있는 게 분명하이. 우리의 천성의 이런 상태를 이용한 음영 화법과 요술 그리고 그 밖의 이와 같은 고안은 마법에 비해 손색이 없으이."[7] 그림의 모방적 활동은 이러한 혼란과 착시를 이용하는 반면, 우리 혼의 이성적이고 분별력 있는 부분은 시각적 혼란과 착시를 측정과 계산을 통해 바로잡는다.

지금까지 예술의 모방적 활동이 진리로부터 떨어져 있으며, 분별과는 멀리 떨어져 있는 부분과 사귄다는 플라톤의 비판을 시와 그림을 중

6 《국가》, 606a.

7 《국가》, 602c-d.

심으로 살펴보았다. 플라톤은 이러한 비판에 근거하여 이성적인 법칙이 지배해야 하는 자신의 국가에서 시인을 포함한 모방자들을 추방해야 한다고 주장한다.

그렇지만, 철학자 플라톤의 이러한 주장은 예술가들과 불화를 빚을 수밖에 없다. 플라톤 스스로도 "철학과 시 사이에는 오래된 일종의 불화가 있다"[8]라고 말했다. 플라톤이 예술의 모방적 활동에 대해 비판적이었고, 나아가 적대적이기는 했지만, 자신의 주장에 대한 이견의 목소리에 완전히 귀를 닫은 것은 아니다. "그러나 적어도 우리는 시의 옹호자들에게, 즉 자신들이 시를 짓는 사람들은 아니지만 시를 사랑하는 사람들인 자들에게 시를 위해서 운율 없는 말(산문)로 이에 대해 변론을 하는 것을 분명히 허용할 것이네. 시가 즐거움을 주는 것일 뿐만 아니라 나라의 체제와 인간 생활을 위해서도 이로운 것이라는 걸 말일세. 그리고 우리는 호의를 갖고 들을 걸세. 만약에 시가 즐거움을 줄 뿐만 아니라 이로운 것임이 밝혀진다면, 우리는 분명 이득을 볼 테니까."[9]

시를 위해 운율 없는 말, 즉 산문으로 변론한 철학자가 곧 등장했으니, 그가 플라톤의 제자인 아리스토텔레스이다. 비록 사제지간이기는 하지만, 아리스토텔레스는 플라톤과 대조된다. 쇼펜하우어는 "아리스토텔레스의 고찰 방식은 처음과 끝이 몰아쳐서 모든 것을 굽히고, 동요시키며, 앞으로 치닫는 강력한 폭풍우에 비유할 수 있다. 플라톤의 고찰 방식은 이러한 폭풍우의 길을 가로질러 나오는, 폭풍우에는 전혀 동요되지

8 《국가》, 607b.

9 《국가》, 607d.

않는 고요한 햇살에 비유할 수 있다"[10]라고 했다. 예술과 감성은 폭풍에 가깝고, 철학과 이성은 햇살에 가까운지 모른다. 여하튼, 아리스토텔레스는《시학》을 통해 플라톤과는 달리 예술의 모방적 활동을 옹호하는 입장을 펼친다.

아리스토텔레스의 옹호

아리스토텔레스의《시학》은 비극과 서사시를 논리적으로 분석한 저작이다.《시학》중에서도 비극에 대한 글을 통해 예술의 모방적 활동에 대한 아리스토텔레스의 긍정적 견해를 살펴보자.

> 비극은 심각하고 완전하며 일정한 크기가 있는 하나의 행동의 모방으로서 그 여러 부분에 따라 여러 형식으로 아름답게 꾸민 언어로 되어 있고 이야기가 아닌 극적 연기의 방식을 취하며 연민과 두려움을 일으켜서 그런 감정들의 '카타르시스'를 행하는 것이다.[11]

이 인용문은 비극에 대한 아리스토텔레스의 정의이다. 먼저, '일정한 크기가 있는 하나의 행동의 모방'이라는 말에 주목하여, 예술의 모방적 활동이 진리로부터 떨어져 있다는 플라톤의 주장과는 대비되는 아리스토텔레스의 주장을 생각해보자.

10 쇼펜하우어,《의지와 표상으로서의 세계》, 곽복록 옮김(을유문화사, 1994), 243쪽을 참고하기 바란다.

11 아리스토텔레스,《시학》, 이상섭 옮김(문학과지성사, 2005), 28쪽.

일정한 크기에 대해서 아리스토텔레스는 “한 비극 작품의 적절한 크기는 불행에서 행복으로, 또는 그 반대의 변화를 가져오는 사건들을 개연적, 또는 필연적으로 연결하는 데 필요한 범위로 제한된다고 할 수 있다”[12]라고 말했다. 하나의 행동의 모방에 대해서는 다음과 같이 말했다.

> 호메로스는 《오디세이아》를 지으면서 주인공에게 일어난 모든 사건을 다 포함시키지 않았다. 예컨대 파르나소스 산에서 오디세우스가 부상당한 것, 원정군 징집을 피하려고 그가 미친 척한 것 등, 서로 필연적 또는 개연적 연결성이 없는 사건들을 제외했던 것이다. 그는 앞에서 언급한 바와 같은 단일한 행동을 중심으로 하여 《오디세이아》를 구성했으며 《일리아스》도 그렇게 했다. 모든 모방적 기술에서 모방은 하나의 대상에 대한 모방이다. 마찬가지로 플롯은 하나의 행동에 대한 모방이므로 하나의 전체를 이루는 단일한 행동을 모방한 것이어야 한다. 그 각각의 부분이 서로 긴밀히 짜여 있어서 그중 하나라도 자리를 옮기면 전체가 일그러지거나 망가지도록 되어 있어야 한다. 어떤 요소가 들어 있든 없든 전체에 뚜렷한 변화가 생기지 않는다면 그 요소는 전체 중의 부분이 되지 못한다.[13]

인용된 설명에서 볼 수 있듯이, 아리스토텔레스가 ‘일정한 크기가 있는 하나의 행동의 모방’을 통해 강조하는 것은 개연성과 필연성이다. 비극의 플롯, 즉 비극의 이야기는 실제로 일어난 모든 개별적 사건과 모든 개별적 행동을 모방하여 이루어지는 것은 아니다. 모든 개별적 사건

12 《시학》, 34쪽.

13 《시학》, 35-36쪽.

이나 개별적 행동을 시시콜콜 모방할 경우, 비극의 이야기는 지나치게 길어지고 이야기의 각 부분이 산만하게 나열되어 하나의 전체를 이루지 못한다.

비극의 이야기가 각 부분들이 긴밀히 짜여 하나의 전체를 이루려면, 우연적인 사건이나 행동들은 배제되어야 한다. 비극의 이야기는 개연적인 사건들이나 행동들이 필연적으로 연관되어 하나의 통일된 이야기를 구축해야 한다. 즉, 일어날 수 있는 또는 일어남직한 사건들이나 행동들이 인과적으로 밀접하게 연관되어 하나의 통일된 이야기를 구축해야 한다. 따라서 아리스토텔레스에게서 비극의 모방은 플라톤이 주장하듯 모방하는 대상이나 사건에 대해서 무지한 채 이루어지는, 즉 진리로부터 떨어져서 이루어지는 현상적 · 수동적 모방이 아니다. 비극의 모방은 대상이나 사건의 옥석을 가려 지나친 부분은 삭제하고 부족한 부분은 보충하여 하나의 통일된 이야기를 구축하는 선택적이고 능동적인 모방이다.

이러한 선택적 · 능동적 모방은 그림의 경우에도 마찬가지로 적용될 수 있다. 예컨대, "초상화가들은 개인의 육체적 모습을 사실적으로 그리면서도 그 사람의 아름다움을 실제보다 한층 돋보이게 그린다."[14]

그림의 모방도 비극의 모방처럼 개인의 육체적 모습을 보이는 그대로 그리는 것이 아니라 지나친 부분은 삭제하고 부족한 부분은 보충하여

14 《시학》, 55쪽. 《시학》을 번역한 이상섭은 이와 관련해 다음과 같이 주석을 달았다. "초상 화가는 대상을 실제보다 더 잘나게 그리는 것이 보통이다. 이는 화가가 무엇이 더 잘난 모습인지를, 즉 실제와 관련을 가지면서도 어떤 것이 이상형인지를 안다는 것을 말한다. 헬라 최고의 화가 제욱시스는 미인 헬렌을 그리기 위해 아테네의 최고 미인 다섯 명을 데려다 놓고 각자에게 가장 아름다운 점들을 따서 최고 미인의 모습을 만들었다고 한다. 플라톤은 화가가 단지 눈에 보이는 것을 모사하는 재주밖에 없다고 했으나, 헬라 사람들은 일반적으로 우수한 화가는 제욱시스처럼 여러 구체적 사례들로부터 '아름다움'의 이상을 추출할 수있다고 믿었다."(《시학》, 145쪽.)

실제보다 한층 더 돋보이게 그린다는 것이다. 이를 위해서는 이후 르네상스에서 확연히 드러나듯 육체에 대해 무지해서는 안 되고 상당한 이해가 뒷받침되어야 한다.

앞서 소개한 비극에 대한 아리스토텔레스의 정의 중 '카타르시스'라는 말에 초점을 맞추어, 예술의 모방적 활동이 분별력 없고 비이성적이라는 플라톤의 견해와 대비되는 아리스토텔레스의 견해를 살펴보자.

아리스토텔레스가 비극을 정의할 때 '카타르시스'가 언급되는데, 그것에 대한 설명은 전해져 내려오는 아리스토텔레스의 저작 속에서는 더 이상 이루어지지 않고 있다.[15] 그럼에도 카타르시스는 아리스토텔레스의 비극 이론을 이해하는 데 중요한 요소이기 때문에 지금까지 여러 가지 해석이 있어왔는데, 여기서 소개할 해석은 두 가지이다. 첫 번째는 카타르시스를 감정의 정화淨化, purgation로 보는 해석이고, 두 번째는 감정의 명료화clarification로 보는 해석이다.[16]

첫 번째 해석은 의학 용어와 연관된다. 카타르시스는 의학 용어로는 소화 기관이 이상이 생겨 막혔을 때 관장을 해서 노폐물을 배설시켜주는 치료를 의미한다. 음식물만 문제를 일으키는 것은 아니다. 심리적 감정도 가슴속에 응어리지면 한이 되어 병을 일으킨다. 응어리진 한을 풀어주어야 한다. 어떤 방법이 있을까? 슬픔과 고통에 빠진 비극의 주인공을 바라보며 펑펑 울다 보면, 관람객의 가슴속에 응어리진 한도 씻겨 내려가지 않을까. 그리하여 마음속이 정화되지 않을까. 첫 번째 해석은 이러

15 이와 연관된 자세한 설명은 김헌, 〈아리스토텔레스 《시학》의 세 개념에 기초한 인간 행동 세계의 시적 통찰과 창작의 원리〉, 《인간연구》 7호(2004), 47쪽을 참고하기 바란다.

16 각 해석을 대변하는 학자 및 문헌에 대해서는 Nickolas Pappas, "Aristotle", *The Routledge Companion to Aesthetics* (Routledge, 2001)을 참고하기 바란다.

한 아이디어에 기반을 두고 있다.[17]

두 번째 해석은 사뭇 이성적인 해석이다. 관람객은 주인공의 비극적 삶이 펼쳐지는 공연을 바라본다. 가슴이 아프다. 눈물을 흘리고 전율을 느낀다. 그렇지만, 실제 삶에서 벌어지는 비극이 아니기 때문에 그 속에 완전히 몰입되기보다는 거기서 한 발짝 떨어져 자신이 느낀 슬픔과 고통의 정체를 헤아린다. 그 슬픔과 고통이 왜 생긴 것일까? 주인공이 너무 두려움에 떨어 위기를 악화시킨 것은 아닐까? 어떻게 하면 슬픔과 고통을 막을 수 있었을까? 따라서 비극은 관람객에게 감정을 느끼고 감정을 성찰하는 학습 장소로서의 역할을 한다. 그리고 관람객은 그러한 훈련 혹은 학습을 통해 감정의 정체를 명료히 파악하여 실제 삶의 밑거름으로 삼는다.

앞서 플라톤이 예술의 모방적 활동이 분별력 없고 비이성적이라고 했을 때, 비극과 연관해 근거로 삼았던 것은 비극이 슬픔이나 고통 앞에서 침착하게 벗어나는 분별력 있는 이성적인 방식보다는 울고 비탄하는 분별력 없는 비이성적인 방식을 모방한다는 것이었다.

여기서 다음과 같은 상황을 가정해보자. 내가 큰 슬픔과 고통에 빠져 있다. 하염없이 눈물이 나오고 가슴이 무너질 듯하다. 이때 나를 위로해주려고 친구들이 방문한다. 한 친구는 다음과 같이 말한다. "그만 울어라. 운다고 문제가 해결되느냐. 이성적으로 대처해라." 이와는 달리, 또

17 이에 대해 김헌은 다음과 같은 해설을 붙이고 있다. "이런 방식의 해석은 프로이트Sigmund Freud로부터 라캉Jacques Lacan에 이르기까지 정신 분석학자들의 이론 속에서 정신적 충격으로 생긴 정신적 질환을 동일한 유형의 충격을 통해 해소시키는 해제 반응 치료 요법의 형태로 수용되었을 뿐만 아니라, 사회 정치적 차원에서 시민들의 정서와 감정을 안정시키는 일종의 의례로서의 비극의 효과를 해석하려는 시도 속에서 여전히 유효하다." 김헌, 〈아리스토텔레스 《시학》의 세 개념에 기초한 인간 행동 세계의 시적 통찰과 창작의 원리〉, 48쪽.

다른 친구는 조용히 다가와 가만히 손을 잡는다. 그리고 말없이 같이 울음을 터뜨린다.

아마도, 플라톤은 전자의 방식을 따르는 친구일 터이고, 아리스토텔레스는 후자의 방식을 따르는 친구일 터이다. 아리스토텔레스의 '카타르시스'는, 그것을 어떻게 해석하든, 감정은 감정을 통해 일단 어루만져져야 함을 함축하고 있다. 감정을 이성을 통해 다스리려고 할 때, 때론 억압이 발생하고, 억압이 누적되면 마침내 폭발한다. 폭발하기 전에, 감정을 자연스럽게 배출하는 것이 바람직하다. 아리스토텔레스는 비극이 그러한 일을 할 수 있다고 보았고, 그로 인해 비극은 분별과 이성으로부터 거리가 멀지는 모르지만 인간 삶의 지혜에 다가선다.

표현

모방론은 그리스 시대를 시작으로 중세를 거쳐 근대에까지 이어진다. 모방론 이후에는 표현론이 등장한다. 표현론을 대표하는 저작으로는 톨스토이의 《예술이란 무엇인가》(1898), 크로체의 《표현과 일반언어에 대한 과학으로서의 미학》(1902), 콜링우드의《예술의 원리》(1938), 랭거의《철학의 새로운 열쇠》(1942)가 있다.

표현론은 낭만주의 미학이라는 표제로 요약되곤 한다. 낭만주의란 18세기 후반부터 유럽에서 문학, 미술, 음악 분야뿐만 아니라 철학과 현실 사회의 곳곳에까지 광범위하게 확산된 문화의 흐름이다. 예술 분야에서 이 흐름을 대표하는 인물로는 괴테J. W. Von Goethe, 워즈워스William Wordsworth, 바이런G. G. Byron, 셸리P. B. Shelley, 키츠John Keats, 쇼팽Frédéric Chopin, 리스트Ferenc Liszt, 브람스Johannes Brahms, 베르디Giuseppe Verdi, 들라크루아Eugéne Delacroix, 컨스터블John Constable, 터너J. M. W. Turner, 프리드리히C. D. Friedrich 등이 있다. 이 인물들의 활동 시기를 고려해볼 때, 그리고 여러 이론가의 낭만주의에 대한 시기 규정을 참고해볼 때, 낭만주의는 19세기 중엽에 전성기가 끝났다고 볼 수 있다. 그렇다면 왜 20세기 전반기에 등장한 표현론에 낭만주의라는, 이미 흘러가 버린 예술 사조의 명칭을 붙였는가 하는 의문이 제기될 수 있다. 여기에 답변을 하기 위해서는 낭만주의의 성격에 대한 이해가 필요하다.

낭만주의의 시대 배경은 프랑스 혁명과 산업 혁명으로 대변되는 사회 격변의 시기다. 이 질풍노도의 격변은 세상에 대한 기존의 이해 틀에 의문을 제기했다. 의문이 제기된 기존의 이해 틀이란 사상적으로는 계몽주의이고 예술적으로는 고전주의다. 보편화된 이성을 바탕으로 조화로운 세계를 구축하는 이 구시대의 질서는 혁명의 시대에 어울리지 않았다. 사람들은 기존의 보편적 눈이 아닌 자신의 개별적 눈으로, 차가운 이성이 아닌 새로운 시대를 예비하는 뜨거운 감정으로, 획일적 질서가 아닌 다양한 변화를 모색해나가기 시작했다. 이것이 곧 낭만주의의 시작이다. 이제 개별화된 감정이 보편화된 이성보다 우위에 서는 낭만의 시대가 도래한 것이다.

이러한 시대적 흐름 아래서, 예술도 보편적 이성의 잣대로 외부의 대상을 모방하는 영역에서 예술가 자신의 내부의 감정을 '표현'하는 영역으로 무게 중심이 옮겨진다. 더불어 예술가 자신의 감정 중에서도 자신만의 고유한 '독창성' 있는 감정이, 독창성을 가능케 하는 '상상력'이, 그리고 상상력을 뛰어나게 발휘하는 '천재'가 존중받는다. 그리하여 낭만주의에는 으레 '개성', '감정', '표현', '독창성', '상상력', '천재' 등의 개념이 뒤따라 다닌다.

18세기 후반에 등장한 낭만주의는 앞서 언급했듯 19세기 중엽에 리얼리즘의 등장과 함께 기울어지기 시작하지만 이후에도 20세기 중반까지 표현주의라는 사조를 중심으로 기본 정신을 이어간다. 그렇다면 20세기 초반의 미학을 낭만주의 미학이라 칭하는 것은 낭만주의 예술의 파장이 아직 약하게나마 남아 있는 시대에 형성된 미학이기 때문인가?

20세기 초반 무렵에 야수파, 독일 표현주의 등을 중심으로 예술가 내면의 개성을 표현하는 사조가 영향을 미치고 있었음은 사실이다. 그러나 낭만주의 미학이라는 칭호를 붙인 것에는 더 적극적인 의미가 있다. 앞으로 살펴보겠지만, 표현론에서는 낭만주의의 기본 정신인 감정의 표현이라는 문제가 학문적으로 체계 있게 다루어진다. 그러므로 표현론에 낭만주의 미학이라는 표제를 붙인 것은 낭만주의의 기본 정신이 예술의 영역에서는 약화되어갔지만 미학의 영역에서는 본격적으로 탐구되었기 때문이다.

이러한 상황은 다음 발언에서도 엿볼 수 있다. "감각적 경험이나 감정이 지닌 창조적 역할의 중요성은 라라M. J. de Larra, 바이런, 키츠, 레오파르디Giacomo Leopardi 등에서 이미 시작되었지만, 낭만주의 이론을 발전시키는 일 또는 낭만주의 이론이 지닌 모든 함축과 대면하는 일은 크로체와 콜링우드를 위해 남겨졌다."[18] 미네르바의 부엉이는 낭만주의의 둥지로 날아갔다. 그렇다면 그 둥지 위에서 싹튼 표현론의 특성을 살펴보도록 하자.

천재적 예술가가 내면에 지닌 감정의 독창적 표현이라는 낭만주의의 표어는 그 화려한 예술적 성취에도 불구하고 여러 논란거리를 낳았다. 감정을 표현한다고 했을 때 예술가는 '어떤' 감정을 표현해야 하는 것인가? 예술가는 자신의 감정을 '어떻게' 표현해야 하는 것인가? 감상자들은 예술가 개인의 독창적인 감정을 어떻게 수용할 수 있는가? 주관적인 성격을 지닌 감정의 타당성 여부를 판단할 수 있는 기준은 무엇인가?

18 Angelo A. De Gennaro, "Croce and Collingwood'', *Personalsit 46* (1965), 195쪽.

지금까지 이성에 비해 열등하다고 여겨지던 감정의 지위가 낭만주의에 의해 격상되었을 때, 그 지위의 격상을 이론적으로 뒷받침하는 일은 미학 이론의 과제로 떠올랐다. 더욱이, 감정의 독창적 표현이라는 명목 아래 새로운, 심지어는 파격적인 예술 작품들이 등장했을 때, 이들 예술 작품의 높낮이를 가늠할 이론적인 기준의 마련은 바람직하면서도 시급한 일이었다.

현대에 들어 이러한 의문과 고민에 대한 성찰의 단초는 미학 이론가가 아니라 예술가의 편에서 먼저 나왔다. 러시아의 대문호 톨스토이, 그는 15년여의 산고 끝에 《예술이란 무엇인가》(1898)를 내놓았다. 그는 이 저작에서 예술의 중심에 감정이 놓여 있음을 역설하며, 예술에 대해 다음과 같은 정의를 내린다.

> 자신 속에 예전에 경험했던 감정을 상기시키고, 그리고 상기시킨 후에 움직임, 선, 색, 소리를 통해, 그리고 단어로 표현된 이미지를 통해 상기된 감정을 다른 사람도 동일한 감정을 경험하게끔 전달하는 것 — 예술 활동은 이 속에 존재한다.[19]

톨스토이에게 예술은 언어가 한 개인의 생각을 다른 사람에게 전달하는 수단이듯이 한 개인의 감정을 다른 사람에게 전달하는 수단이다.[20]

19 L. N. Tolstoy, *What Is Art?*, Richard Pevear & Larissa Volokhonsky (eds.) (Penguin, 1995), 39-40쪽. 원저작의 출판 연도와 필자가 참고한 저작의 출판 연도가 다른 경우가 있다. 이는 원저작이 절판되어 필자가 이후에 재출판된 저작을 참고했기 때문이다. 원저작 의 출판 연도는 그 저작을 처음 언급할 때 표시해놓았다.

20 *What Is Art?*, 38쪽.

이렇듯 예술의 중심에 감정을 놓는다는 점에서 톨스토이는 낭만주의 정신과 공통점이 있으며, 괴테, 실러J. C. F. von Schiller, 쇼팽 등의 낭만주의 예술가에 대해서 우호적이다. 그러나 다른 한편으로 바이런, 보들레르C. P. Baudelaire, 리스트, 바그너W. R. Wagner, 베를리오즈Hector Berlioz, 브람스 등의 몇몇 낭만주의 예술가들에 대해서는 매우 비판적이다. 톨스토이가 후자의 예술가들에 대해서 비판적인 것은 그들이 전달하는 감정의 질이 낮다고 보기 때문이다. 예술가는 자신이 경험한 감정을 전달해야 하지만, 경험한 감정 중에서도 "삶 속에서 성취한" "가장 높고 가장 좋은 감정"을 감상자들에게 전달해야 한다.[21]

그리고 톨스토이가 생각하는 가장 높고 가장 좋은 감정은 "종교적 의식에서 비롯된" 감정이다.[22] 톨스토이에게 종교적 의식이란 특정 교파의 교리를 의미하는 것이 아니다. 그에게 종교적 의식이란 각 역사적 시대나 사회에서 그 시대나 사회가 생각하는 그리고 추구하는 "최상의 삶의 의미"를 뜻한다.[23] 이 최상의 삶의 의미에 부합하는 감정을 전달하면 좋은 예술이고 그렇지 못한 예술은 나쁜 예술이다. 예컨대, 어떤 사회의 최상의 삶의 의미가 기독교적 형제애라면 그러한 형제애를 북돋는 감정을 전달하는 예술이 좋은 예술이고, 불교적 무욕이 최상의 삶의 의미가 되는 사회에서는 욕망을 자극하는 감정을 전달하는 예술은 나쁜 예술이다.

톨스토이의 예술 이론은 무엇보다도 훌륭한 예술로 인정받던 기존

21 *What Is Art?*, 53쪽.

22 *What Is Art?*, 43쪽.

23 *What Is Art?*, 124쪽.

의 예술들을 평가절하하거나 부인한 까닭에 발표 이후 격렬한 반발을 불러일으켰다.[24] 이러한 반발들 가운데 주요한 것으로 영국의 철학자이자 역사가인 콜링우드의 저서《예술의 원리》를 들 수 있다. 콜링우드는 이 책에서 톨스토이의《예술이란 무엇인가》를 직접 겨냥하여 비판하지는 않았다. 그러나 이 저서를 살펴보면 낭만주의 미학의 틀 안에서 톨스토이의 이론이 어떻게 비판 받을 수 있는지를 확인할 수 있다.

콜링우드의 저서 또한 중심은 '예술은 무엇인가'라는 질문에 답하는 것이다. 즉, "이것, 이것, 이것은 예술이고, 저것, 저것, 저것은 예술이 아니다"라는 점을 자신 있게 말하는 것이 콜링우드 저서의 중심 과제이다.[25]

이러한 관점에서, 콜링우드에게 톨스토이식의 예술은 예술이 아니다. 예술을 통해 감상자에게 어떤 특정 감정을 전달하는 일은 특정 감정의 전달이라는 목적을 위해 예술이라는 수단을 사용하는 일에 다름 아니다. 톨스토이가 주장하는 예술은 "어떤 특정 요구를 만족하게 하려는 목적을 위한 수단"인 기예craft의 일종이지 예술이 아니다.[26] 전달하려는 특정 감정이 어떤 것이냐에 따라 오락, 마술, 지침, 선동 등의 기예가 될 수는 있지만 예술은 될 수 없는 것이다.

그렇다면 콜링우드에게 예술이 되는 '이것, 이것, 이것은' 무엇인가? 그에 따르면, 예술은 톨스토이가 주장하는 대로 감정과 관련을 맺기는 하지만, 톨스토이의 생각과는 달리 감정을 전달하거나 환기시키는 것이

24 톨스토이의《예술이란 무엇인가》에 대한 반발에 대해서는 Henri Troyat, *Tolstoy*, Nancy Amphoux (trans.) (Doubleday, 1967), 530-531쪽을 참고하기 바란다.

25 R. G. Collingwood, *The Principles of Art* (Oxford University Press, 1938), 1쪽.

26 *The Principles of Art*, 18쪽.

아니라 감정을 표현하는 것이다.[27]

예술은 감정의 표현이라는 콜링우드의 주장은 그의 예술관의 핵심이다. 그리고 이 주장은 그를 톨스토이와 표현론이라는 범주 안에 묶일 수 있게 하면서도 그 안에서 차이를 만들어내는 지점이다. 이 주장의 의미는 다음과 같이 이해될 수 있다.

우리가 어떤 대상에 대해 특정 감정을 느낀다고 가정해보자. 이때 우리는 우리가 느끼는 감정이 강렬하고 분명하지만 그 감정이 무엇인지 정확히 파악하지 못할 때가 있다. 데카르트René Descartes 식으로 표현하자면, 명석하지만 혼연한clear but confused 감정을 지닐 때가 있는 것이다. 이때 우리는 우리가 강하게 느끼는 감정을 명확히 표현할 수 없기 때문에 "어찌할 줄 모르는 답답한 상태"에 놓이게 된다.[28] 예술은 바로 어찌할 줄 모르는 답답한 상태를 제거하기 위하여 스스로의 감정을 명확히 표현해 나가는 활동이다. "인간은 자신의 감정을 표현하기 전까지는 그 감정이 무엇인지를 알지 못한다."[29] 이러한 상황에서, 예술은 한 개인이 자신의 감정에 대해 스스로 "탐구"해나가는 과정인 것이다.[30]

그러므로, 콜링우드에 따르면 예술의 영역에서는 어떤 개인이 자신의 감정을 잘 정리하여 스스로 이해할 수 있게끔 표현하는 일이 중요하지, 그러한 감정을 다른 사람에게 이해시키거나 설득시키는 일은 부수적이다. 예술은 한 개인의 감정을 "일반화"하여 다른 사람에게 그 감정을

27 *The Principles of Art*, 108-109쪽.

28 *The Principles of Art*, 109쪽.

29 *The Principles of Art*, 111쪽.

30 *The Principles of Art*, 111 쪽.

"기술"하는 것이 아니라 "개별화"하여 스스로에게 표현하는 것이다.[31]

그리고 콜링우드가 보기에 감정의 표현이 한 개인의 머릿속에서 이루어지면 굳이 구체적인 예술 작품으로 외형화되지 않더라도 머릿속에 정리된 표현만으로 이미 예술로서 성립할 수 있다.[32] 예컨대, 자신의 감정을 머릿속에서 음악의 곡조tune로 정리하여 표현했다면, 그것으로 예술 활동은 완결된 것이며 악보나 연주를 통한 그 곡조의 외형적 구현은 부수적이다. 이러한 맥락에서 콜링우드는 예술은 한 개인의 머릿속에서, 즉 창조적 "상상력" 속에서 이루어진다고 주장한다.[33] 이 상상력이라는 개념은 표현이라는 개념과 함께 중요한 위치를 차지하며, 예술은 한 개인의 감정을 상상력을 통해 표현한 것이라는 콜링우드의 예술관을 형성케 한다.

지금까지 살펴본 것처럼, 콜링우드의 예술관은 감정의 전달이라는 예술의 외재적 기능에 강조점을 둔 톨스토이와는 달리 감정의 표현이라는 예술의 내재적 기능에 강조점을 두고 있다. 이러한 내재적 기능에 대한 콜링우드의 강조는 크로체의 미학에 힘입은 바 크다.[34] 이탈리아에서 활동한 크로체는 정치, 철학, 문화, 역사 등 다방면에 걸쳐 60여 권의 저

31 *The Principles of Art*, 111-112쪽.

32 이 관점은 나중에 살펴볼 크로체로부터 영향을 받았다. 크로체와 콜링우드의 미학을 관념 주의 미학이라고 부르는 것도 이 관점 때문이다.

33 *The Principles of Art*, 134쪽.

34 크로체와 콜링우드의 연관에 대해서는 다음을 참고하기 바란다. Merle Brown, *Neo-Idealistic Aesthetics: Croce-Gentile-Collingwood* (Wayne State University Press, 1966); John Hospers, "The Croce-Collingwood Theory of Art", *Philosophy 31* (1956); Alan Donagan, "The Croce-Collingwood Theory of Art", *Philosophy 33* (1958); Alan Donagan, "Colling-wood's Debt to Croce'', *Mind 81* (1972); Angelo A. De Gennaro, "Croce and Collingwood", *Personalist 46* (1965).

서를 발간했지만, 그 스스로도 주장하듯 초기 저작인《표현과 일반 언어에 대한 과학으로서의 미학》이 그의 전체 사상의 초석을 마련했으며, 크로체 미학의 주요 입장 또한 이 저작을 통해 드러난다. 이제 콜링우드 미학에 끼친 영향을 중심으로 크로체의 저작을 살펴봄으로써, 이 저작이 표현론의 한 방향을 형성하는 데 어떻게 기여했는지를 밝혀보겠다.

크로체의 미학은 "직관은 표현이다"라는 그의 주장으로 요약된다.[35] 우선, 직관은 무수한 감각 인상들을 정리하는 기관이다. 감각 인상이란 대상에 대한 우리의 감정, 충동, 정서 등의 일차적 반응을 일컫는다. 이 일차적 반응들은 처음에는 혼돈 상태에 있게 되고, 이 혼돈 상태에 질서를 부여하여 하나의 표상을 산출하는 것이 직관의 역할이다. 이 직관을 통해 우리는 어떤 대상에 대한 표상, 즉 직관적 지식을 지니게 되는 것이다. 이 직관적 지식은 "지성"을 통해 산출되는 "개념", 즉 "논리적 지식"과 더불어 지식의 주요한 두 가지 형태를 구성한다.[36]

그렇다면, 이러한 직관이 표현이라는 말은 무슨 의미인가? 크로체는 이 말을 누차 강조한다. 먼저 이 말을 설명하는 그의 예증을 직접 보자. "만일 우리가 종이나 칠판 위에 곧바로 그릴 수 있을 만큼 어떤 기하학적 도형에 대한 관념을 명석하게 지니지 못한다면, 어떻게 우리가 그 도형을 참되게 직관할 수 있겠는가? 만일 우리가 시칠리 섬과 같은 한 지역의 윤곽을 모든 그 굴곡 속에서 우리가 본 대로 그릴 수 없다면, 어떻게 그것을 참되게 직관할 수 있겠는가?"[37]

35 Benedetto Croce, *The Aesthetic as the Science of Expression and the Linguistic in General* (Cambridge University Press, 1992), 11쪽.

36 *The Aesthetic as the Science of Expression and the Linguistic in General*, 1쪽.

37 *The Aesthetic as the Science of Expression and the Linguistic in General*, 9쪽.

이 예증을 통해 알 수 있듯이, 크로체에 따르면 우리가 어떤 대상을 형상이나 글자나 소리 등으로 표현하지 못한다는 것은 그 대상에 대한 우리의 인상들이 여전히 정리되지 못한 혼돈 상태에 놓여 있다는 것이고, 따라서 이 경우 그 대상을 직관했다고 말할 수 없다. 그러므로 어떤 대상을 직관했다는 것은 그 대상을 표현할 수 있다는 것을 의미한다. 즉, 직관은 표현인 것이다. 그리고 이 표현이 바로 미적 활동의 중심이다.

미적 활동은 다양하고 복합적인 인상들에 "형식을 부여하는"[38] 일, 더 적극적으로는 그 인상들을 "유기적으로 전체 속에 융합시키는"[39] 일이다. 미적 활동을 통해 우리는 인상들의 "어두운 영역"에서 그 인상들이 정리되어 표현되는 "명석한 빛" 속으로 나아가게 되고,[40] 그리하여 미적 활동으로 이루어지는 예술은 우리를 감각 인상의 "수동성"으로부터 "해방"시키는 능동적 기능을 한다.[41] 그러므로 크로체에게서는 예술이 우리의 감각 인상들을 명료화하여 표현함으로써 직관적 지식을 산출해내는 주요한 창구로 자리 잡는다. 그리고 그의 이러한 생각은 감정을 명료화하여 표현하는 것이 예술이라는 콜링우드의 생각에 직접적인 영향을 끼치며, 낭만주의 미학의 논리적 근간을 형성한다.

크로체에서 출발하여 콜링우드를 거친 낭만주의 미학의 한 흐름은

38 *The Aesthetic as the Science of Expression and the Linguistic in General*, 17쪽.

39 *The Aesthetic as the Science of Expression and the Linguistic in General*, 20 쪽. '유기적 전체'라는 개념은 미학에서 오래전부터 중요하게 간주되었던 개념으로 크로체에 의해 다시 한번 강조된다. 이 개념은 아리스토텔레스의 《시학》에서 시작하여 흄David Hume의 〈취미의 기준에 대하여〉를 거쳐 크로체, 무어G. E. Moore, 가다머H. -G. Gadamer에까지 이어지며 미학에서 주요한 논쟁을 불러일으킨다.

40 *The Aesthetic as the Science of Expression and the Linguistic in General*, 9쪽.

41 *The Aesthetic as the Science of Expression and the Linguistic in General*, 22쪽.

랭거의 미학으로 연결된다. 예술은 "인간의 감정을 표현하는 지각 가능한 형식들을 창조하는 활동"[42]이라는 랭거의 정의에서 그의 미학이 크로체와 콜링우드의 연장선에 놓여 있음을 짐작할 수 있다. 이러한 랭거의 관점을 그녀의 대표작 《철학의 새로운 열쇠》를 중심으로 살펴보도록 하겠다.

우선 예술에서 이루어지는 감정의 표현은 화가 날 때 씨근덕거리는 식으로 감정을 배출하는 "자기표현"이 아니다.[43] 어떤 사람이 화가 났을 때 씨근덕거리는 것이 스스로에게는 화에 대한 분명한 표현, 즉 자기표현이 될 수 있을지 모르지만 다른 사람들에게는 그 화의 정체가 무엇인지를 분명하게 표현한 방식이 되지 못한다. 이 경우, 하나의 해결책으로 화가 난 사람은 스스로를 추스르고 자신의 화를 표현할 적절한 단어를 찾아낼 수 있을 것이다. 그러나 일상적인 담화 언어로는 화를 표현해내기 어려운 경우가 많다. 왜냐하면 담화적인 언어는 마치 "염주처럼" "직선적, 분별적, 연속적 질서"를 지니고 있으므로,[44] 우리의 사유를 표현하는 데는 적절하지만, "미세하면서도 밀접히 연관된" 부분들로 이루어진 그리고 연속적이거나 분별적이지 않고 "동시적이고 통합적"인 우리의 감정을 표현하는 데는 적절하지 못하기 때문이다.[45]

감정을 표현하는 데는 담화적 언어보다 예술적 형식이 가장 효과적이다. 예컨대 선, 색채, 비례 등과 같은 그림의 형식은 각각의 형식이 따

42 Susanne K. Langer, *Philosophical Sketches* (The Johns Hopkins Press, 1962), 84쪽.

43 Susanne K. Langer, *Philosophy in a New Key: A Study in the Symbolism of Reason, Rite, and Art* (Harvard University Press, 1942), 3rd edition, 216쪽.

44 *Philosophy in a New Key*, 80쪽.

45 *Philosophy in a New Key*, 93, 97쪽.

로 의미를 지니는 것이 아니라 상호 연관된 복합성 속에서 동시에 의미를 구성한다는 점에서 감정의 양태와 유사하고, 그렇기 때문에 감정의 양태를 표현하기에 담화적 언어보다 더 적절하다. 그러므로 랭거에게서는 예술적 형식이 감정을 표현하는 가장 적절한 형식으로 자리 잡는다.[46]

예술적 형식을 감정에 질서를 부여하는 형식으로 본다는 점에서 랭거의 이론은 콜링우드나 크로체의 이론과 흡사하지만, 랭거는 여기서 더 나아가 감정의 영역에 독자적인 가치와 지위를 부여한다. 흔히 감정의 영역은 이성의 영역에 비해 비합리적이고 무질서한 영역으로 천대받아 왔고, 따라서 이를 다루는 예술 또한 하위 활동으로 여겨지곤 했다. 그러나 랭거에 따르면 이러한 비합리와 무질서는 담화적 언어로 감정의 영역을 표현하려 할 때 생기는 일이다.

예술적 형식으로 감정을 표현하면 감정의 영역이 지닌 조화와 질서, 활기가 드러난다. "생명의 움직임, 정서의 촉발과 성장과 소멸, 그리고 궁극적으로는 인간 삶의 모든 직접적 감각"이 예술적 표현을 통해 드러나는 것이다.[47] 감정 또한 이성만큼이나 질서 있는 영역이며, 다만 그 질서의 형식이 다를 뿐이다. 이제 감정은 이성과 마찬가지로 "객관적으로 표현되고 공적으로 알려질 수 있는"[48] 것으로, 그리고 질서와 정형이 있는 것으로 지위를 보장받고, 그 지위는 예술적 형식에 의해 입증된다. 그러

46 랭거의 전문적인 용어를 빌리자면, 화가 났을 때 씨근덕거리는 자기표현은 '기호sign'이고, 그 화를 일상적인 언어로 표현하는 것은 '담화적 상징discursive symbolism'이고, 예술적 형식으로 표현하는 것은 '제시적 상징presentational symbolism'이다. 이러한 맥락에서 예술은 감정에 대한 제시적 상징이라고 말할 수 있다. 기호와 상징의 차이에 대해서는 랭거의 *Philosophy in a New Key* 2장을, 담화적 상징과 제시적 상징의 차이에 대해서는 같은 책 4장을 참고하기 바란다.

47 *Philosophical Sketches*, 92쪽.

48 *Philosophical Sketches*, 92쪽.

므로 랭거에 이르러 낭만주의 예술 정신의 학문적 정당화는 정점에 이르며 낭만주의 미학의 분수령을 이룬다고 말할 수 있다.

정의 불가능

랭거에 이르러 정점에 달한 낭만주의 미학은 그 후 여러 방향으로 계승되지만, 1940년대 중반 이후에는 계승보다 비판이 주류를 차지하게 된다. 그 비판의 시작을 연 것이 미국의 이론가 비어즐리와 윔샛W. K. Wimsatt, Jr.이 공동으로 쓴 〈의도주의 오류〉(1946)라는 논문이다.

이 논문의 기조는 저자의 의도와 작품의 의미를 동일시하는 의도주의의 오류에 대한 비판이다. 그런데 이 논문은 이러한 비판을 통해 이 오류가 "낭만주의적 오류"라는 점 또한 언급하고 있다.[49] 그러므로 이 논문은 당시에 팽배하던 낭만주의 미학이 일종의 의도주의 오류를 범하고 있다는 점을 시사한 것이다. 즉, 예술가의 감정을 표현한 것이 예술이라는 낭만주의 미학의 주장은 예술가가 작품을 통해 표현하려고 의도한 바를 파악하는 것이 그 작품에 대한 올바른 감상이라는 관점을 함축함으로써 의도주의 오류에 빠진다는 것이다. 비어즐리와 윔샛의 논문에 따르면,

49 W. K. Wimsatt, Jr. & M. C. Beardsley, "The Intentional Fallacy", Sewanee Review 54 (1946), 471쪽.

이 오류는 작가와 작품 자체를 혼동한 데서 온다.[50]

이 논문을 통해 낭만주의 미학의 큰 축에 도전이 제기되고, 이 도전은 전통적인 미학 일반으로 확산된다. 낭만주의 미학뿐만 아니라 지금까지의 미학 일반이 여러 혼동을 범하고 있지 않느냐는 의문이 제기되기 시작한 것이다. 그리하여 낭만주의 미학의 혼동을 포함해 미학 일반에서 나타나는 여러 혼동에 대한 비판과 그에 대한 해결 방안 모색이 1940년대 중반부터 1960년대 중반까지 미학의 뚜렷한 징표가 된다. 이 시기 동안 미학자들은 미학이 범하고 있는 여러 혼동의 정체를 규명하기 위해 '철학적 분석'에 의존하게 되었고, 이로써 미학에서 '분석의 시대'가 열리게 된다. 이 분석의 시대의 개막을 잘 보여주는 글이 미국의 미학자 이젠버그Arnold Isenberg의 〈분석 철학과 예술연구〉이다.[51]

이 논문의 목적은 분석 철학의 방법을 미학과 예술 연구에 어떻게 적용할 것인지 탐구하는 데 있다. 분석 철학이란 무어와 러셀에 의해 소개된 후 논리 원자론, 논리 실증주의 그리고 일상 언어 분석 등을 통해 비트겐슈타인Ludwig Wittgenstein 및 여러 이론가들에 의해 계승된 20세기의 주요한 현대 영미 철학의 조류를 일컫는다.[52] 분석 철학은 어떤 대상이나

50 Wimsatt & Beardsley, "The Intentional Fallacy", 477쪽.

51 Arnold Isenberg, "Analytical Philosophy and the Study of Art: A Report to the Rockefeller Foundation" (1950). 록펠러 재단의 후원으로 작성된 이 논문은 공식적으로 출판되지는 않았다. 전체 48쪽인 이 논문의 일부가 William Callaghan (eds.), *Aesthetics and the Theory of Criticism: Selected Essays of Arnold Isenberg* (University of Chicago Press, 1973), 285-301쪽, 그리고 *The Journal of Aesthetics and Art Criticisni 46* (1987), 125-136쪽에 실렸다. 전자는 원래 논문의 5-6, 14-28, 39-41, 43-46쪽에서 발췌한 것이고, 후자는 약간의 짧은 생략을 제외하고는 1-28쪽에서 발췌한 것이다. 필자는 논의를 위해서 후자를 주로 참고했다. 논문의 전체는 록펠러 재단이 소장하고 있다.

52 Richard Shusterman, "Analysing Analytic Aesthetics", *Analytic Aesthetics*, Richard Shusterman (ed.) (Blackwell, 1989), 4쪽.

관념의 "본질적 구성 요소들을 드러내기 위해" 그 대상이나 관념을 논리적으로 분석하는 일을 자신의 방법으로 삼는다.[53]

이젠버그에 따르면, 분석 철학의 도구인 이 논리적 분석은 그 당시에 인식론, 논리학, 윤리학 등 철학의 여러 분야에 널리 적용되고 있었음에도 불구하고, 미학 분야에는 아직 그 혜택이 미치지 못하고 있는 형편이었다. 이는, 분석 철학자들은 미학에 무관심하고 미학자들은 분석 철학의 방법인 논리적 분석에 무관심한 탓이다.[54] 그리하여 미학은 여전히 "형이상학적 사변, 비평적 감상, 심리학적 이론 등의 혼합체"로 남아 있다. 이러한 상태의 미학은 "심오하고 고무적인 제안"들을 내놓는다는 장점이 있음에도 불구하고 "모순된 방법들과 정제되지 못한 사변들로 뒤범벅"될 위험이 있다. 이러한 위험을 막기 위해서는 미학에도 철학에서 이루어진 분석적 방법의 적용이 필요하다. 그러므로 미학은 이제 "비평에서 그리고 다른 미학 연구에서 사용되는 개념들과 원리들을 분석"하는 데 진력해야 한다. 즉, 이젠버그에 따르면, 미학은 "예비적, 비판적, 반성적 역할"을 주 임무로 삼는 "분석 미학"으로 다시 태어나야 하는 것이

53 Isenberg, "Analytical Philosophy and The Study of Art", 125쪽.

54 Isenberg, "Analytical Philosophy and The Study of Art", 128쪽. 분석 철학자들이 미학에 무관심한 상황을 다음 설명을 통해 좀 더 자세히 알 수 있다. "무어, 러셀, 비트겐슈타인 등의 대표적인 분석 철학자들에게는 미학이 단지 부수적인 중요성을 지닐 뿐이었다. 러셀은 미학적 주제에 관해 사실상 어떤 언급도 하지 않았다. 무어와 비트겐슈타인의 미학적 논의는 무척 귀중하기는 하지만 그 영역과 구체성에서 다소 제한되어 있다. 무어의 미학적 논의는 기본적으로 《윤리학의 원리*Principia Ethica*》(1903)의 열두 절가량에 한정되어 있고, 비트겐슈타인의 미학적 관점들은 매우 영향력 있기는 하지만 너무 도식적이고, 느슨하게 짜여 있으며, 편지글에서 모은 필사본 유고에 기본적으로 의존하고 있다." Richard Shusterman, *Pragmatist Aesthetics: Living Beauty, Rethinking Art* (Blackwell, 1992), 3쪽. 다른 한편, 미학자들이 분석 철학의 방법인 논리적 분석에 무관심한 상황의 일단을 보여주는 예로 이젠버그는 듀이John Dewey의 《경험으로서의 예술*Art as Experience*》(1934)을 들었는데, 이 외에도 우리는 앞서 살펴본 낭만주의 미학자들의 저작에서도 이러한 상황을 짐작할 수 있다.

다.[55]

그렇다면 분석적인 방법이 적용되는 미학의 특징은 무엇인가? 즉, 분석의 시대라는 표제로 대변되는 미학의 구체적인 동향은 어떤 것인가? 분석의 시대를 대변하는 미학자들은 자신들의 학문적 성과를 두툼한 책으로 전개하곤 했던 앞서의 낭만주의 미학자들과는 달리 단편적인 논문 형식으로 자신들의 학문적 성과를 전개해나갔다. 이는 분석의 시대의 미학이 어떤 거시적인 미학 이론을 제시하는 것을 목표로 삼지 않고, 미학 이론 및 그 이론을 담은 개념들을 미시적으로 분석하는 것을 목표로 삼은 데에 기인한 것이 크다.

미시적인 분석의 작업이 한 권의 책 분량에 이르기는 쉽지 않았을 것이다. 따라서 이 시대를 대표하는 성과들은 대개 논문들 속에 담겨 있다. 그리고 이 논문들은 당대의 미학 동향을 보여주려는 편집자들에 의해 한 권의 선집으로 묶여 출판되고는 했다. 이러한 선집의 대표적인 예로 영국에서 엘턴William Elton이 편집한 《미학과 언어》(1959)[56]와 미국에서 마골리스Joseph Margolis가 편집한 《예술에 대한 철학적 조망》(1962)[57]을 들 수 있다. 필자는 분석적 방법이 미학에 적용되어 어떠한 구체적 동향을 보여주었는지를 이 두 권의 선집에 실린 논문들을 중심으로 살펴보도록 하겠다.[58]

55 여기까지의 인용은 모두 Isenberg, "Analytical Philosophy and The Study of Art", 128쪽에서 가져왔다.

56 William Elton (ed.), *Aesthetics and Language* (Basil Blackwell, 1959). 이하 *AL*로 약칭.

57 Joseph Margolis (ed.), *Philosophy Looks at the Arts: Contemporary Readings in Aesthetics* (Charles Scribners Sons, 1962). 이하 *PLA*로 약칭.

58 이 두 선집 이외에도 당시의 동향을 반영하고 있는 선집으로 Cyril Barrett (ed.), *Collected Papers on Aesthetics* (Oxford: Blackwell, 1965); Francis J. Coleman (ed.),

두 선집의 편집 의도는 모두 당시의 분석 철학적 방법을 미학 연구에 적용한 논문들을 소개하는 데 있다. 엘턴은 "미학에서 이루어지는 분석적 경과의 양상들"을 보여주기 위해 "언어상"의 "몇몇 미학적 혼동들을 진단하고 명료히 하는" 논문들을 모았다고 밝힌다.[59] 그리고 마골리스는 자신의 선집은 최근에 "미학의 영역에서 가장 활동적으로 연구하는 전문가들과 가장 활발히 논의되는 문제들을 소개"하는 것으로서, 여기에 실린 논문들은 "넓게는 분석적인 것으로 규정될 수 있다"라고 언급했다.[60]

그렇다면 이 선집의 논문들이 분석적 방법의 적용을 통해 명료히 하려는 몇몇 미학적 혼동은 무엇일까? 이 혼동들은 기존의 미학, 특히 낭만주의 미학이 범하고 있는 혼동들로서, 첫 번째로 낭만주의 미학의 중심 개념인 '감정'이나 '표현'이라는 단어가 불러일으키는 혼동을 들 수 있다. 이러한 혼동에 대한 지적은 라일Gilbert Ryle의 "감정', 바우스마O. K. Bouwsma의 "예술 표현론", 토마스Vincent Tomas의 "예술에서의 표현 개념" 등을 통해 살펴볼 수 있다. 이 논문들은 낭만주의 미학의 예술 표현론에서 사용되는 개념들이 우리를 "당혹스럽게" 만들기 때문에 "이 이론의 언어를 탐구"할 필요가 있다고 본다.[61] 그리하여 "무엇을 느낀다"라는 문장의 다양한 용도를 구분함으로써 감정의 의미를 명료히 하려고 하며,[62] 기존의 표현 이론의 용어를 세부적으로 분석하고 비판함으로써 표현에 대한 새

Contemporary Studies in Aesthetics (McGraw-Hill, 1968)를 꼽을 수 있다.

59 Elton, *AL*, 1쪽.

60 Margolis, *PLA*, 4쪽.

61 O. K. Bouwsma, "The Expression Theory of Art", *AL*, 인용은 73쪽.

62 Gilber Ryle, "Feelings", *AL*, 인용은 56쪽.

로운 입장을 개진하려고 한다.[63]

두 번째 혼동은 낭만주의 미학 등 기존의 미학 이론이 비경험적인 진술들로 이루어져 있어 반박이 불가능하다는 지적을 통해 엿볼 수 있다. 레이크Beryl Lake는 〈두 미학 이론의 반박 불가능성에 대한 연구〉라는 논문에서, 크로체와 벨의 미학 이론은 "사실들에 근거하여 반박될 수 있는 것이 아니"라는 점을 보여주려고 한다.[64] 레이크에 따르면, 프랑스인과 영국인 중 어느 쪽이 더 많이 놀러 다니는지의 여부는 통계 조사를 통한 경험적 사실에 근거하여 결정될 수 있지만, 크로체와 벨의 이론 중 어느 이론이 옳은지의 여부는 어떤 경험적 사실들을 통해서도 결정될 수 없다. 레이크의 논문은 미학 이론의 진술들 속에서 사실적인 진술과 비사실적인 진술의 혼동을 제거하여 식별을 명료히 할 경우, 검증할 수 없는 소모적인 논쟁을 막을 수 있다는 점을 함축하고 있다.

명료화해야 할 필요가 있는 세 번째 혼동은 예술 비평이나 평가와 관련된 혼동이다. 맥도널드Margaret MacDonald의 〈예술 비평에서 사용되는 논증들의 몇 가지 특징들〉, 나이트Helen Knight의 〈미적 판단에서의 '훌륭한'의 용도〉, 이젠버그의 〈비평적 소통〉, 지프Paul Ziff의 〈예술 비평의 근거〉 등의 논문들이 이러한 혼동을 명료화하려고 한다. 이 논문들은 "경험적 증거에 의해서는 추론도 확증도 되지 못하는" 예술 비평의 기준을 탐구하며,[65] 그리고 "우리가 '세잔Paul Cézanne의 녹색 항아리가 훌륭하다'라

63 Vincent Tomas, "The Concept of Expression in Art", *PLA*.

64 Beryl Lake, "A Study of the Irrefutability of Two Aesthetic Theories, " *AL*, 인용은 111쪽.

65 Margaret MacDonald, "Some Distinctive Features of Arguments Used in Criticism of the Arts", *AL*, 인용은 122쪽.

고 말할 때" 이 '훌륭하다'의 의미가 어떻게 결정되는지를 고찰한다.[66] 더불어, "비평가의 논증의 내용은 무엇인가? 비평가가 우리에게 전달하는 주장은 무엇인가? 비평가는 우리가 이 주장을 어떻게 대하기를 기대하는가?" 등의 질문에 답하면서 "비평 그 자체가 추구해야 할" "방향을 설정"하려 하며,[67] "어떤 예술 작품이 왜 훌륭한지 또는 왜 나쁜지의 근거를 제시하는 것이 왜 가치 있는가"라는 점을 설명하려고 한다.[68] 또한 비평과 관련된 여러 가지 혼동들을 비평에서 한 걸음 떨어져 명료화한다는 점에서 메타 비평적 성격을 띠고 있다. 그러므로 이 논문들은 미학의 역할이 예술에 대해 직접 발언을 하는 '비평'이 아니라, 그러한 비평과 관련된 용어나 개념들을 명료화하는 '메타 비평'이라는 분석 미학 시대의 표어를 뒷받침해준다.

네 번째로 들 수 있는 혼동은 미적인 것과 비, 자적인 것의 혼동, 예컨대 미적인 것과 지적, 도덕적, 경제적인 것 등의 혼동이다. 미적인 것을 비미적인 것과 어떻게 구분할 것인가를 탐구함으로써 이러한 혼동을 제거하려고 하는 논문들로는 햄프셔Stuart Hampshire의 〈논리와 평가〉, 엄슨J. O. Urmson의 〈무엇이 특정 국면을 미적으로 만드는가?〉, 시블리Frank Sibley의 〈미적 개념들〉을 꼽을 수 있다. 이들 논문은 미적인 것을 도덕적인 것과의 유비를 통해 설명하려는 시도를 비판하면서 미적인 것이 도덕적인 것과 어떻게 다른지를 드러내려고 하며,[69] "미적 감동, 만족, 관용, 혐오

66 Helen Knight, "The Use of'Good' in Aesthetic Judgements", *AL*, 인용은 149쪽.

67 Arnold Isenberg, "Critical Communication". 이 논문은 엘턴이 편집한 선집과 마골리스가 편집한 선집 모두에 실렸다. 인용은 *AL*, 131, 143쪽.

68 Paul Ziff, "Reasons in Art Criticism", *PLA*, 인용은 177쪽.

69 Stuart Hampshire, "Logic and Appreciation", *AL*.

등을 도덕적, 지적, 경제적 등으로 불릴 수 있는 감동, 만족 등과 구분 짓는 것이 무엇인지를 명확히 하려고" 하며,[70] "미적 개념들이 어떤 일상적인 개념들과도 확연히 다르다는 점을 논증"하려고 한다.[71]

마지막 다섯 번째는 일부 예술 작품이 지닌 있는 부분적 특성을 모든 예술 작품이 지닌 본질적 특성으로 혼동하는 일이다. 다섯 번째 혼동과 관련된 논의를 시작한 논문으로는 갈리W. B. Gallie의 〈철학적 미학의 기능〉이 있다. 갈리는 기존의 미학자들, 특히 19세기 관념주의 미학자들의 주장이 모든 예술 작품에 공통적으로 적용되는 하나의 본질을 통해 예술을 정의하려는 "본질주의 오류"를 범하고 있다고 언급한다.[72] 갈리에 따르면, "예술이라는 용어는 어떤 하나의 것"을 의미하는 것이 아니라 "모든 구성원들 사이에서 또는 적어도 다른 두 구성원들 사이에서 유사함이 존재하는 집합적인 실재"를 의미한다. 예술이라는 단어에 대한 이러한 이해는 "예술적 취미와 영감 속에 혁신적인 것들이 존재하여 그러한 혁신 후에 이전에는 예술이 아니었던 몇몇 것들이 예술로, 예술이었던 몇몇 것들은 예술이 아닌 것으로 분류"되곤 하는 예술을 둘러싼 상황과도 부합한다.[73]

갈리의 논증에 호응하는 논문으로 패스모어J. A. Passmore의 〈미학의 따분함〉을 들 수 있다. 그는 예술을 공통된 본질로 묶으려는 노력이 예술이 지닌 다양성을 간과한 채 획일적인 하나의 보편적 규칙을 적용하려

70 J. O. Urmson, "What Makes a Situation Aesthetic?", *PLA*, 인용은 14쪽.

71 Frank Sibley, "Aesthetic Concepts", *PLA*, 인용은 66쪽.

72 W. B. Gallie, "The Function of Philosophical Aesthetics", *AL*, 13쪽.

73 여기까지의 인용은 모두 Gallie, *AL*, 16쪽.

함으로써 미학을 "따분함"으로 몰아간다고 비판한다.[74] 갈리의 논증과 패스모어의 비판이 추상적이고 문제 제기에 그치기는 하지만, 이들의 주장은 이후의 이론가들에 의해 정교화되면서 다섯 번째 혼동과 관련된 논의의 뿌리를 형성한다.

이들의 주장을 정교화하면서, 본질주의 오류를 가장 체계적으로 드러낸 논문은 와이츠의 〈미학에서의 이론의 역할〉이다. 와이츠에 따르면, 톨스토이, 크로체, 벨 등의 이론은 모든 예술에 공통으로 적용되는 본질을 통해 예술을 정의하려고 한다. 그러나 "이른바 '예술'이라고 하는 것이 무엇인지를 우리가 실제로 들여다보면, 어떤 공통적 본질도 발견하지 못하고 오직 일련의 유사성만을 발견"하게 된다.[75] 즉, 소설, 시, 음악, 회화, 조각, 건축 등은 이들 모두에게 공통적인 본질이 있어서가 아니라, 소설은 시와 문자적이라는 면에서, 시는 음악과 선율적이라는 면에서, 음악은 회화와 조화를 추구한다는 면에서, 회화는 조각과 시각적이라는 면에서, 조각은 건축과 조형적이라는 면에서 유사성의 관계를 연이어 맺고 맺으면서 모두가 예술로 불릴 수 있게 된다.

예술이 이렇듯 공통적 본질을 지니지 못하는 주요한 까닭은 "예술의 팽창적, 모험적 특성", 즉 끊임없이 변화하고 새로운 창조를 이루어내는

74 J. A. Passmore, "The Dreariness of Aestiietics", *AL*. '따분함'의 의미는 여러 가지로 해석될 수 있겠지만 여기에서는 대체로 지루하고 흥미를 불러일으키지 못한다는 의미이다. 패스모어에 따르면, 따분함은 기계적인 방법을 적용하여 자율성과 성찰을 파괴할 때 생긴다. 그의 논문 40쪽을 참고하기 바란다. 그리고 예술에 보편적 규칙을 적용하는 것을 반대하는 패스모어의 입장은 예술 장르 각각에 대한 독립적 연구를 권장하는 입장으로 이어진다. 이는 장르 구분을 반대한 크로체와 대비된다. Croce, *The Aesthetic as the Science of Expression and the Linguistic in General*, 39-43쪽을 참고하기 바란다.

75 Morris Weitz, "The Role of Theory in Aesthetics", *PLA*, 53쪽.

특성 때문이다.[76] 과거에 예술의 공통적 본질로 여겨졌던 '모방 재현'은 새로운 추상 예술의 등장과 함께 더 이상 공통적 본질로 인정받지 못하고 있으며, 이는 끊임없이 새로운 특징을 지닌 것이 등장하는 예술의 상황 속에서는 일반적인 현상이다.

그러므로 예술이란 개념은 항시 새로운 특징을 지닌 예술이 등장하는 것을 허용하는 "열린 개념"이다.[77] 그러나 열렸다고 해서 모든 것이 전부 예술로 허용되는 것은 아니고 이미 예술로 불리는 것들과 일정 측면에서 유사한 것들만 예술로 허용된다. 와이츠에 따르면, 예술이라는 개념은 이렇듯 유사성과 개방성을 그 특징으로 하는 것이기 때문에, 어떤 공통적 본질을 통하여 예술을 정의하려는 것은 열린 개념을 닫힌 개념 속으로 "쑤셔 넣으려는", "정의될 수 없는 것을 정의하려는" 잘못된 시도이다.[78]

오랫동안 미학 이론의 주요한 역할은 예술이란 무엇인가 하는 질문에 답하려는, 즉 예술이 지닌 공통적 본질을 통하여 예술을 정의하려는 시도였다. 그런데 만일 이러한 시도가 와이츠의 말처럼 잘못된 시도라면, 미학에서 이론이 할 수 있는 역할은 무엇인가? 그가 생각하는 미학에서의 이론의 역할은 "논리적으로 실패할 수밖에 없는 정의'를 내리는 일이 아니라, "예술의 고유한 특징을 일정한 방식으로 추천하여 주목하게"

76 Weitz, *PLA*, 55쪽.

77 Weitz, *PLA*, 55쪽.

78 Weitz, *PLA*, 55쪽. 우리는 여기서 분석 철학은 어떤 대상이나 관념의 본질적 구성 요소들을 드러내기 위해 그 대상이나 관념을 논리적으로 분석하는 일을 자신의 방법으로 삼는다는 이젠버그의 말을 떠올릴 수 있다. 그의 말을 상기해보면, 예술이란 개념의 본질적 구성 요소를 드러내기 위해 행해진 분석이 예술에 본질적 구성 요소가 없다는 모순적 결론을 이끌어냈음을 알 수 있다. 그러나 이러한 모순을 분석의 정직성과 투명성을 역설적으로 드러내는 것으로 볼 수도 있을 것이다.

하는 일이다.[79] 즉, 미학의 역할은 예술을 하나의 고유한 특징으로 정의하는 일이 아니라 예술이 지닐 수 있는 다양한 특징들 중 특정한 특징을 주목하여 바라보게 하는 일이다.

미학의 역할에 대한 이러한 새로운 인식은 와이츠뿐만 아니라 그 당시 다른 미학자들에게도 공유되어, 어떤 미학 이론도 "다양하고 변화하는 예술의 용도를 거울처럼 반영할 수 없기"[80] 때문에 공통적 본질을 통해 예술을 정의하려고 하기보다는 "예술을 바라보는 하나의 새로운 방식"[81]을 제시해야 한다는 주장이 확산된다. "사회의 성격이 변화함에 따라" 그리고 "상이한 시간과 상이한 문맥"에 따라 예술의 특징 또한 변화할 수밖에 없으며, 그리고 예술을 바라보는 방식 또한 변화할 수밖에 없다.[82] 미학 이론은 이제 변화하고 열려 있는 예술의 다양한 특징들 중 특정한 특징을, 특히 지금껏 "간과되거나 왜곡되었던"[83] 특징을 새롭게 조명함으로써 예술에 창의성과 풍요성을 부여하는 역할을 맡게 된다.

그리고 이러한 인식은 미학 이론의 앞으로의 역할뿐 아니라 과거의 미학 이론을 바라보는 시각에도 발전적인 영향을 끼친다. 예술의 공통적인 본질을 드러내지 못한다고 비판받았던 전통적인 이론들이 예술이 지닐 수 있는 다양한 특징들 중의 특정한 특징을 드러내주는 긍정적인 기

79 Weitz, *PLA*, 59쪽.

80 Paul Ziff, "The Task of Defining a Work of Art", *The Philosophical Review 62* (1953), 77쪽.

81 William E. Kennick, "Does Traditional Aesthetics Rest on a Mistake?", *Mind 67* (1958), 325쪽.

82 인용은 각각 Ziff, "The Task of Defining a Work of Art", 77쪽; Kennick, "Does Traditional Aesthetics Rest on a Mistake?", 334쪽.

83 Weitz, *PLA*, 58쪽.

능을 지닌 것으로 복권된다.

예컨대, 예술은 유의미한 형식이라는 벨의 주장은 예술에 대한 정의를 내린다는 측면에서는 거짓이지만, 모방적 요소나 주제가 중시되었던 당시 회화 풍조에 조형적 형식에 대한 새로운 주목을 일깨웠다는 점에서는 유의미하고 가치 있다.[84] 벨의 이론이 그 이전의 이론들에 의해 간과되거나 왜곡되었던 조형적 측면을 강조함으로써 새로운 추상 미술을 정당화하고, 이를 통해 기존의 예술에 새로운 창의성과 풍요성을 불어넣었다고 말할 수 있는 것이다.

그러므로 예술이 '모방 재현'이다, '직관'이다, '정서'다, '감정의 형식'이다 하는 등의 주장들이 있을 때, 이를 예술의 공통된 본질을 언급하는 것이 아니라 가능한 여러 성질들 중 하나의 "적합한 성질"[85]을 언급하는 것으로 이해하는 것이 바람직하다. 이때 이 주장들은 넓게는 예술이 지닐 수 있는 다양한 특징들에 대한 조망을, 좁게는 한 작품이 지닐 수 있는 다양한 특징들에 대한 조망을 가능케 함으로써 보편적 규칙이나 규준에 의한 획일적 접근이 아닌 다양하고 풍부한 접근을 할 수 있는 길을 열어준다.

84 이 점에 대한 상세한 설명은 Weitz, *PLA*, 57-58쪽, 그리고 Kennick, "Does Traditional Aesthetics Rest on a Mistake?", 324-325쪽을 참고하기 바란다.

85 Ziff, "The Task of Defining a Work of Art", 68쪽.

제도

예술에 대한 정의가 불가능하다는 예술 정의 불가론을 비판하고 예술을 새로이 정의하려는 시도가 디키의 제도론이다. 디키는 자신의 제도론이 만델바움Maurice Mandelbaum과 단토의 도움을 받아 성립했음을 밝히고 있는데,[86] 이들 중 예술 정의 불가론에 대한 반박에 직접적 도움을 준 이론가는 만델바움이다. 만델바움은 '가족 유사성'과 '창조성'이라는 두 가지 개념에 근거한 와이츠의 '예술 정의 불가론'을 다음과 같이 비판한다.[87]

먼저, 만델바움은 와이츠의 이론이 근거하고 있는 비트겐슈타인의 '가족 유사성' 개념을 비판한다. 비트겐슈타인의 가족 유사성 개념에 의하면, 장기 게임, 공으로 하는 게임, 올림픽 게임 등이 모두 게임으로 불리는 것은 이들 모두에게 공통적인 속성이 있어서가 아니라 서로 물고

86 George Dickie, "Defining Art", *American Philosophical Quarterly 6* (1969), 253 254쪽을 참고하기 바란다.

87 Maurice Mandelbaum, "Family Resemblances and Generalization Concerning the Arts", *Aesthetics: A Critical Anthology*, George Dickie (eds.) (St. Martin's Press, 1989). 처음 발표는 *The American Philosophical Quarterly 2* (1965)에서 이루어졌다.

물리는 일련의 유사성이 있기 때문이다. 와이츠는 비트겐슈타인의 이러한 생각을 예술에 적용해 소설, 시, 음악, 회화 등이 모두 예술이라고 불릴 수 있는 까닭은 이들 모두에게 공통적 속성이 있어서가 아니라 서로 물고 물리는 일련의 유사성이 있어서라고 주장한다. 따라서 모방론, 표현론, 형식론 등에서처럼 어떤 공통적 속성에 근거하여 예술을 정의하려는 시도는 실패할 수밖에 없다.

그런데, 만델바움은 눈에 띄는 외관상의 유사성만을 주목할 때는 공통적인 속성이 존재하지 않는 듯하지만, 눈에 띄지 않는 비전시적 nonexhibited 속성에 주목할 때는 공통적 속성이 존재할 수도 있다고 본다. 예컨대, 아버지, 어머니, 나, 동생 등이 가족으로 불릴 수 있는 것은 서로 물고 물리는 일련의 외관적 유사성 때문이 아니라 가족 구성원 모두에게 공통적인 '발생상의 유전적 유대genetic tie'[88] 때문이다. 이와 마찬가지로, 장기 게임, 공으로 하는 게임, 올림픽 게임 등이 게임으로 불릴 수 있는 까닭이나 소설, 시, 음악, 회화 등이 예술로 불릴 수 있는 까닭 또한 공통적인 발생상의 유전적 연대에 있을 수 있다. 이러한 점에 근거하여, 만델바움은 비전시적인 발생상의 유전적 연대에 근거하면 예술에 대한 정의가 가능할 수도 있다는 입장을 펼친다.

다음으로, 만델바움은 와이츠의 이론이 근거하고 있는 '창조성' 개념을 비판한다. 와이츠에 따르면, 예술은 새로운 창조를 이루어내는 특성 때문에 어떤 정의로 닫아놓을 수 없다. 이에 대해 만델바움은 예술의 특별한 형식을 정의하는 일이 그러한 형식 내부에서 새로운 창조가 일어

88 Mandelbaum, "Family Resemblances and Generalization Concerning the Arts", 142 쪽.

날 가능성을 부정하는 일은 아니라고 본다.[89] 예컨대, '예술은 모방이다'라는 정의가 사진이나 영화라는 새로운 장르가 예술로 인정되는 것을 가로막지 않는다. 오히려, 새로운 장르의 예술이 등장하기 위해서는 예술에 대한 기존의 정의와 어느 정도 부합해야 한다. 기존의 정의와 전혀 부합하지 않는 새로운 장르가 예술이 될 가능성은 없다. 만델바움에 따르면, 예술에서의 새로움이란 기존의 정의에 어느 정도 부합하는 상태에서의 새로움이며, 예술에 대한 정의는 그러한 새로움을 가로막지 않는다.

앞서 언급했듯이, 디키는 만델바움뿐 아니라 단토에게도 이론적 도움을 받았는데, 단토가 도움을 준 부분은 이른바 '예술계art world' 개념이다.[90] 단토는 예술계라는 개념을 '예술적 동일화'를 설명하기 위해 등장시킨다. 예술적 동일화란 제욱시스의 포도 그림을 실제 포도가 아니라 예술이라고 식별하는 것을 일컫는다. 예술적 동일화는 현대 미술에서 특히 중요하다. 라우센버그Robert Rauschenberg의 작품에 등장하는 침대를 일반 침대가 아니라 예술이라고 식별할 수 있는 까닭은 무엇인가? 워홀의 〈브릴로 상자〉를 물품 보관용 상자가 아니라 예술이라고 식별할 수 있는 까닭은 무엇인가? 단토의 유명한 답변은 "어떤 것을 예술로 식별하기 위해서는 눈으로는 볼 수 없는 무엇, 즉 예술 이론의 분위기나 예술사의 지식 등으로 이루어진 예술계가 필요하다"는 것이다.[91] 워홀의 〈브릴로 상자〉를 예술로 식별할 수 있는 까닭은 현대 예술 이론의 분위기나 현대 예술사의 지식이 뒷받침되기 때문이며, 그러한 예술 이론이나 예술사적 지식

89 Mandelbaum, "Family Resemblances and Generalization Concerning the Arts", 148-149쪽을 참고하기 바란다.

90 Arthur Danto, "The Artworld", *The Journal of Philosophy 61* (1964).

91 Danto, "The Artword", 580쪽.

이 결여된 시대에는 〈브릴로 상자〉를 예술로 식별할 수 없다.

디키는 만델바움의 제안, 즉 비전시적인 발생상의 유전적 연대에 근거하면 예술을 정의할 수도 있다는 제안의 실현 가능성을 단토의 예술계라는 개념 속에서 발견한다. 눈으로 볼 수 없는 예술계, 즉 비전시적인 예술계가 모든 예술이 예술로 발생할 때 공통적으로 작용하면서 예술에 대한 정의를 가능케 한다는 것이 디키의 판단이다. 이러한 판단을 구체화해 디키는 분류적descriptive or classificatory 의미로서의 예술 작품이란 그 일단의 국면들이 특정 사회 제도(예술계)를 대표하는 어떤 사람 혹은 사람들에 의해 감상을 위한 후보의 지위가 수여된 인공물이라고 정의한다. 이른바 전기 예술 제도론의 탄생이다.[92]

디키의 전기 예술 제도론을 다소 부연하여 설명해보자면, 먼저 분류적 의미란 평가적 의미에 대비되는 것으로, 디키는 자신의 정의가 예술 작품과 비예술 작품을 분류해주는 의미로서의 정의이지 좋은 예술 작품과 나쁜 예술 작품을 평가하는 의미로서의 정의가 아님을 밝히고 있다.

두 번째로, 제도란 확립된 조합society이나 법인corporation을 의미하는 것이 아니라 확립된 활동practice을 의미한다.[93] 따라서 디키에게서 예술계라는 특정한 사회 제도가 의미하는 바는 '확립된 예술적 활동'이라고 볼 수 있다.

세 번째로, 확립된 예술적 활동을 대표하는 사람 혹은 사람들이란

92 디키는 *Introduction to Aesthetics: An Analytic Approach* (Oxford University Press, 1997)에서 자신의 예술 제도론을 전기와 후기 두 단계로 구분하고 있다. 전기 예술 제도론은 "Defining Art"(1969)와 *Art and the Aesthetic: An Institutional Analysis* (Cornell University Press, 1974)에서, 후기 예술 제도론은 *The Art Circle* (Haven, 1984)에서 개진한 정의이다.

93 Dickie, *Art and the Aesthetic*, 31쪽.

예술가, 제작자, 박물관장, 박물관 관람객, 연극 관람객, 신문 기자, 비평가, 예술사가, 예술 이론가, 예술 철학자 등을 의미한다.

네 번째, '감상을 위한 후보'로서의 지위가 수여된 '인공물'이라는 표현은 미술관에 전시된 그림이나 무대에서 공연되는 연극처럼 경험할 만한 가치가 있다고 인정받은 인공물을 의미한다. 그러나 그림이라는 인공물의 모든 측면에 감상을 위한 후보로서의 지위가 수여되지는 않는다. 예컨대, 그림 뒷면의 색채는 감상을 위한 후보로서의 지위가 수여되지 않기 때문에 그림의 모든 국면이 아닌 그림의 '일단의 국면'에 감상을 위한 후보의 지위가 수여된다고 할 수 있다.

마지막으로 '지위가 수여된'이라는 표현은 국왕에 의해 백작의 지위가 수여된다든지, 주례에 의해 한 쌍의 남녀에게 부부의 지위가 수여된다든지, 또는 회원들에 의해 친목회 회장의 지위가 수여된다든지 하는 등의 경우에서와 마찬가지의 의미이다. 다만, 예술 제도를 대표하는 사람들에 의한 지위 수여는 다른 법률적 제도에 의한 지위 수여보다 덜 엄격하고 덜 공식적이고 덜 규정적이기는 하다.

디키의 전기 예술 제도론은 앞서 등장했던 모방론, 표현론, 형식론, 예술 정의 불가론 등의 공과를 바탕으로 이루어졌기 때문에 이들 기존 이론이 지닌 또는 제기한 문제점을 상당히 해소하고 있다.

기존 이론이 지닌 또는 제기한 문제점들은 다음과 같이 요약될 수 있다. 먼저, 모방론과 표현론의 문제점은 새로운 예술 현상을 포괄하지 못한다는 것이다. 두 번째, 형식론은 뒤샹의 〈샘〉과 일반 소변기에서처럼 형식적으로 동일한 두 대상 중 왜 하나는 예술 작품이고 다른 하나는 일반 물품인지를 설명하지 못한다. 세 번째, 예술 정의 불가론이 제기한 문제점은 예술이 지닌 가족 유사성과 창조성이라는 특징 때문에 예술에 대한 정의가 불가능하다는 것이다.

이들 세 가지 문제점 중에서 마지막 세 번째는 제도론 성립 당시에 이미 극복하려고 한 것이며 첫 번째 문제점과 일부 겹치므로 설명을 생략하도록 하겠다.[94] 첫 번째 문제점과 관련해, 전기 제도론은 모방론이나 표현론과는 달리 새로운 예술 현상을 포괄할 수 있다. 예컨대, 인상주의가 처음 등장했던 시기로 돌아가 보자. 인상주의 그림은 모방론에 비추어 보면 형편없는 졸작이고 재앙이다. 따라서 모방론을 중시하던 당시 예술 제도에 의해서는 예술로 인정받지 못했다. 그런데, 차츰 시간이 흘러 예술 제도를 구성하는 사람들의 인식이 변화해 미술관 등에 제도적으로 수용되면서 인상주의는 예술 작품, 나아가 걸작으로 인정받는다.

여기서 볼 수 있듯이 어떤 새로운 현상이나 사조를 예술로 인정하느냐 아니냐는 제도적 자격 수여의 여부에 달려 있으며, 예술 제도는 얼마든지 새로운 예술 현상을 받아들일 수 있을 만큼 탄력적이고 가변적이다. 그러므로 예술 제도라는 장치를 이론의 중심으로 삼는 제도론은 새로운 예술 현상을 수용하는 데 어려움이 없다. 제도론은 두 번째 문제점도 극복할 수 있다. 형식적으로는 동일한 뒤샹의 〈샘〉과 일반 소변기 중 전자는 예술 작품이 되고 후자는 예술 작품이 되지 못하는 이유는, 제도론을 적용하자면, 전자는 예술 제도에 의해 예술 자격이 수여되었고 후자는 예술 자격이 수여되지 않아서다. 두 대상이 동일한 형식일지라도 예술 제도의 과정을 거치느냐의 여부에 따라 예술 작품과 일반 물품으로 나뉠 수 있는 것이다.

94 새로운 예술 현상을 포괄하지 못한다는 문제점은 창조성을 받아들이지 못한다는 문제점과 마찬가지라고 볼 수 있다.

그런데 기존의 문제점들을 해소하는 위와 같은 성과에도 불구하고, 디키는 전기 제도론을 발표하고 십여 년이 지난 후 그 이론을 수정하여 내놓는다. 이를 후기 예술 제도론이라고 할 수 있는데, 디키가 수정된 이론을 내놓은 까닭은 전기 제도론에 제기된 비판들에 있다. 디키에게 영향을 끼친 비판은 크게 두 가지이다.

하나는 순환론에 빠졌다는 비판이다. 디키에게, 예술 작품은 무엇인가? 예술계라는 제도에 의해 자격이 수여된 인공물이다. 그럼, 예술계는 무엇인가? 어떤 인공물에 예술 작품이라는 자격을 수여하는 제도이다. 그럼 다시 예술 작품이란 무엇인가? 이 물음에 답하는 과정에서 디키의 전기 예술 제도론은 순환에 휩싸일 수밖에 없다는 비판이 제기된다.

다른 하나는 비어즐리로 대표되는 비판이다. 비어즐리에 따르면, 예술계는 조직이나 권한 면에서 대학의 이사회 제도 등과 같은 다른 사회 제도에 못 미친다.[95] 그러므로, 공식적인 법칙이나 규정이 없는 예술계를 공식적인 법칙이나 규정을 통해 운영되는 제도로 취급하는 디키의 이론은 잘못이라는 것이다.

순환론에 빠져 있다는 비판에 대한 디키의 답변은 처음에는 소극적이다가 이후에는 적극적으로 바뀐다. 소극적 답변은 제도론이 순환에 빠지기는 하지만 해로운 순환은 아니라는 것이다.[96] 예술계에 대해 부연 설명을 다양하게 해놓았기 때문에 비록 제도론이 순환을 이루기는 하지만 상당한 정보를 제공하는 이로운 순환이라는 논리다. 적극적 답변은 제도

95 M. C. Beardsley, "Is Art Essentially Institutional?", *The Aesthetic Point of View* (Cornell University Press, 1982), 134쪽. 이 논문은 1976년에 처음 발표되었다.

96 Dickie, *Art and the Aesthetic*, 43쪽.

론의 순환이 예술을 둘러싼 순환적 구조를 잘 반영하고 있다는 것이다. 즉, 예술 작품에 대한 정의가 순환적인 것이라면, 그것은 예술 작품의 본성 때문에 그러한 것이다. 예술 작품은 예술가, 예술 감상자 등과 상호 의존하면서 정의될 수밖에 없는 이른바 '굴절된 본성'을 지니고 있다. 굴절된 본성이란 예술 작품이 예술가, 예술 감상자 등의 각 요소들과 "서로를 향해 굽고, 서로를 전제하며, 서로 뒷받침해주는 성격을 갖고 있음을 의미"한다.[97] 순환에 대한 소극적 답변은 전기 예술 제도론에서, 적극적 답변은 후기 예술 제도론에서 이루어진다. 따라서 후기에서는 제도론의 순환성이 전기에서보다 더 "명시적으로 과시'된다.[98]

비어즐리의 비판에 대한 디키의 답변은 비판을 받아들이는 쪽으로 나아간다. 예술계가 공식적, 형식적 제도가 아니라 비공식적, 비형식적 제도라는 점을 강조하기 위해 디키는 '대표하는'과 '수여된'이라는 표현을 후기 예술 제도론에서는 삭제한다. 왜냐하면, 이 표현들이 "마치 공식적인 조직들이 정책 결정을 내리고 실행하는 것처럼 생각하게 만들기" 때문이다.[99]

앞의 두 가지 비판에 영향받아, 디키는 다음과 같은 새로운 예술 제도론, 즉 후기 예술 제도론을 내놓는다.[100]

❶ 예술가는 이해를 갖고 예술 작품의 제작에 참여하는 사람이다.

❷ 예술 작품은 예술계의 대중에게 전시되기 위해 창조된 인공물의 일종이다.

97 조지 디키, 《예술사회》, 김혜련 옮김(문학과지성사, 1998), 124쪽.

98 《예술사회》, 25쪽.

99 《예술사회》, 19쪽.

100 《예술사회》, 125-128쪽.

❸ 대중은 그들에게 전시된 대상을 어느 정도로 이해할 준비가 되어 있는 구성원으로 이루어진 사람들의 집합이다.

❹ 예술계는 예술계 내의 모든 체계들의 총체이다.

❺ 예술계의 체계는 예술가가 예술계의 대중에게 예술 작품을 전시하기 위한 틀이다.

여기서 볼 수 있듯이, 디키의 후기 예술 제도론에서는 정의를 구성하는 다섯 개의 항목들이 상호 연결되며 순환을 형성하고 있다.[101] 그리고 공식적 제도를 연상시키는 표현들이 삭제되어 있다.

지금까지 살펴본 것처럼, 수정된 후기 예술 제도론을 통해 디키는 이전에 제기된 비판으로부터 벗어나려고 한다. 그러나 수정된 제도론 또한 비판으로부터 자유롭지는 못하다. 가장 대표적인 비판은 디키의 예술 제도론이 전기, 후기를 막론하고 예술 제도의 구체적 법칙rule이나 역할role을 보여주지 못한다는 비판이다. 특히 데이비스Stephen Davies는 예술계라는 제도의 "구성원, 권한, 한계 등에 관한 차별화된 역할" 그리고 "그러한 제도가 등장한 차별화된 역사적 맥락"을 디키의 예술 제도론이 보완 설명해야 한다고 지적한다.[102] 물론, 예술 제도의 법칙이나 역할이 공식적 제도만큼이나 명확하고 규정적일 수는 없다. 그렇지만, 나름의 법칙이나 역할은 지니고 있을 것이며, 그 점을 제시할 때 예술이란 무엇인가에 대한 답변이 구체성을 띨 수 있게 된다. 이러한 제시의 노력은 디

101 따라서 디키는 5개의 항목 중 어떤 항목에서 정의를 시작해도 무방하다고 주장했다. 예술가의 항목에서 정의를 시작한 것은 단지 영어 철자상 다른 항목보다 앞서기 때문일 뿐이다. 《예술사회》, 125쪽.

102 Stephen Davies, *Definitions of Art* (Cornell University Press, 1991), 112쪽. 디키 또한 이러한 비판을 의식하여 '인공성'과 '예술계의 대중에게 전시'라는 점을 예술 제도의 차별화된 법칙으로 내세우지만(Dickie, *Introduction to Aesthetics: An Analytic Approach*, 90쪽) 여전히 모호하고 추상적이다.

키에게서 영향을 받았지만 디키를 보완하려는 이후의 이론가들에게서 나타나며, 그 한 예를 캐럴Noel Carroll을 통해 살펴볼 수 있다.

먼저, 캐럴은 예술을 사회적 제도가 아니라 '문화적 활동'으로 볼 것을 제안한다.[103] 캐럴은 디키의 제도론에서 강조하는 예술의 사회 역사적 성격을 받아들이지만, 예술의 사회 역사적 성격은 법률과 같은 공식 제도가 지닌 사회 역사적 성격과는 다르다고 생각한다. 따라서 사회 역사적 성격을 드러내면서도 공식적 제도와 차별성을 지니기 위해서는 예술을 제도로 규정하기보다는 문화적 활동으로 규정하는 것이 타당하다고 본다.[104] 그리고 문화적 활동으로서의 예술은 제도와 달리 그 법칙이 덜 엄격하고 덜 공식적이다.

캐럴은 이러한 법칙을 예술적 관례, 전통, 선례 등에 대한 "반복repetition"이나 "확장amplification"이나 "거부repudiation"로 설명한다.[105]

반복이란 기존 예술의 형식, 구조, 기법, 주제 등을 되풀이하는 일이다. 예컨대, 마네Édouard Manet의 〈올랭피아Olympia〉는 티치아노Tiziano Vecellio의 〈우르비노의 비너스Venere di Urbino〉로 대표되는 옆으로 드러누운 누드의 형식을 반복한다.

확장이란 기존 예술과 목적은 공유하지만 그 목적을 달성하는 방식

103 Noel Carroll, "Art, Practice, and Narrative'', *The Monist 71* (1988), 143쪽.

104 이는 디키가 받아들일 수 있는 부분이다. 디키 또한 예술 제도의 비공식적, 비형식적 특성을 강조하고 있다는 점을 감안한다면 그리고 디키가 예술 제도를 '확립된 활동'으로 묘사하고 있다는 앞서의 소개를 참작한다면, '문화적 활동'으로 예술을 규정하려는 캐럴의 주장이 디키의 주장과 충돌할 가능성은 적다.

105 Carroll, "Art, Practice, and Narrative", 143-149쪽. 캐럴은 확장, 거부라는 표현 대신에 개선improving upon, 논박disputing이라는 표현을 쓰기도 한다. Carroll, "Identifying Art", *Institutions of Art*, Robert Yanal (ed.) (The Pennsylvania State University Press, 1994), 19쪽을 보기 바란다.

을 변형시키는 일을 말한다. 예컨대, 르네상스 미술은 실재를 포착한다는 목적은 이집트 미술과 공유하지만 그 목적을 달성하는 방식은 단편적 재현법을 채택한 이집트 미술과 달리 과학적 원근법을 채택했다. 이 경우, 르네상스 미술은 이집트 미술에 대한 확장이라고 말할 수 있다.

거부는 기존 예술의 주요 형식이나 구조에 반대하는 일이다. 캐럴은 고전주의와 낭만주의의 대립, 소비에트 몽타주와 딥-포커스 리얼리즘의 대립을 그 예로 들고 있다. 확장이 점진적 변화라면 거부는 혁명적 변화이다.

그렇지만, 거부가 혁명적 변화라고 해서 기존의 예술적 전통과 완전히 단절하는 것은 아니다. 어떤 혁신적인 것이든 그것이 예술로 불리기 위해서는 기존의 예술적 전통과 최소한이나마 연속성을 지녀야 한다. 캐럴은 그러한 연속성의 예를 두 가지로 든다.[106] 첫째, 예술적 거부는 거부의 대상이 되는 이전 예술의 모든 점을 거부하는 것이 아니라 특정한 점을 거부하는 것이다. 따라서 거부의 직접적 대상이 되는 이전 예술과의 연속성을 완전히 결여하고 있지는 않다. 둘째, 예술적 거부는 바로 이전 예술은 거부할지라도 더 먼 이전 예술과는 연속성을 공유하고는 한다. 독일 표현주의는 바로 이전의 리얼리즘은 거부하지만 형상의 왜곡을 시도한 그뤼네발트Matthias Grünewald 같은 중세 화가의 표현 방식을 도입한다.

캐럴에 따르면, 예술은 위와 같은 법칙에 의해 형성되어왔다. 그러므로 예술이란 무엇인가에 답하는 일은 위와 같은 법칙에 근거하여 형성되어온 예술의 역사를 사실적으로 기술하는 일에 다름 아니다. 즉, 예

106 Carroll, "Art, Practice, and Narrative", 148쪽.

술이란 무엇인가에 답하는 일은 예술에 대한 '역사적 서사'인 것이다. 예컨대, 르네상스 예술이 무엇인가에 답하는 일은 르네상스 예술이 기존의 예술적 관례, 전통, 선례 등을 어떻게 반복, 확장, 거부했는가를 연대기순으로 정확하게 기술하는 일이다.[107] 이러한 역사적 서사를 예술의 탄생부터 오늘날에 이르기까지 진행해나가면 예술 전체에 대한 서사가 되며, 예술이란 무엇인가에 대한 답변이 된다.

캐럴의 논의를 통해 우리는 디키의 제도론이 좀 더 구체화될 수 있는 가능성을 발견한다. 그리고 부수적으로, 예술이란 무엇인가에 대한 또 하나의, 그렇지만 디키로부터 그리 멀지 않은 답변, 즉 예술이란 역사적으로 지금까지 예술이었던 것의 총합이라는 답변을 만나게 된다.

지금까지 예술이란 무엇인가에 대한 답변을 디키의 제도론을 중심으로 살펴보았다. 이 고찰을 바탕으로 두고 보면, 예술이란 무엇인가에 대한 답변을 마련해나가는 과정에서 크게 두 가지 조건이 제시되고 있다. 하나는 필요충분조건이며, 다른 하나는 창조성 조건이다.

필요충분조건이란 어떤 개념에 대한 정의를 내릴 때 충족되어야 하는 조건이다. 즉, 어떤 개념에 대한 정의를 내린다는 말은 어떤 개념에 대한 필요충분조건을 충족시킨다는 말이다. 그리고 예술이라는 개념에 대한 필요충분조건을 충족시켰다는 말은 예술이란 무엇인가라는 질문에 대해 넘침도 부족함도 없이 답변했다는 것을 의미한다. 예술이 아닌 것은 그 어떤 것도 포함되지 않은 그리고 예술에 속하는 그 어떤 것도 결여하지 않은 답변이 예술에 대한 필요충분조건을 충족시킨 정의이다. 모방

107 '역사적 서사'에 대한 설명은 앞서 소개한 캐럴의 논문 이외에 그의 "Historical Narratives and the Philosophy of Art", *The Journal of Aesthetics and Art Criticism 51* (1993)에서 구체적으로 제시되어 있다.

론, 표현론, 형식론 등의 기존 이론들이 거부되는 이유는 이 이론들이 필요충분조건을 충족시키지 못하기 때문이다.

창조성 조건이란 예술이란 무엇인가에 대한 답변이 예술의 새로운 창조성을 포용할 수 있어야 한다는 조건이다. 예술은 혁신성과 창조성을 생명으로 한다. 그러므로 예술이란 무엇인가에 대한 답변 또한 혁신성과 창조성에 바탕을 둔 새로운 예술의 등장을 포용하는 답변이 되어야 한다는 것이다. 이는 대표적으로는 와이츠가 강조했던 조건이다.

그런데, 필요충분조건과 창조성 조건을 동시에 충족시키는 답변을 구하는 일은 쉽지 않다. 와이츠는 필요충분조건을 충족시키는 정의는 닫힌 정의이기 때문에 새로운 예술의 등장을 포용하게끔 열려 있을 수 없다고 보았다. 즉, 예술이라는 개념의 경우 필요충분조건과 창조성 조건이 부합할 수 없다고 본 것이다. 와이츠는 예술을 위해서는 창조성 조건이 중요하다고 판단하여 필요충분조건을 충족시키는 예술 정의를 포기하게 된다.

예술이란 무엇인가에 대한 와이츠 이후의 답변은 창조성 조건을 침해하지 않는 필요충분조건의 정의를 모색해나간다. 그러한 모색의 대표적인 결실이 디키의 제도론이다. 디키의 제도론은, 앞서 설명했듯이, 새로운 예술 현상을 수용할 수 있기 때문에 창조성 조건을 충족시킨다. 디키의 제도론은 필요충분조건도 충족시킨다. 예술이 아닌 것을 허용하지도 예술에 속하는 것을 배제하지도 않는 디키의 제도론은 모방론, 표현론, 형식론의 경우와는 달리 반례를 찾기가 힘들다.

이러한 필요충분조건을 더욱 강화한 이론이 캐럴의 입장이다. 캐럴의 이론은 간단히 말하여 예술이란 지금까지 사회 문화적으로 예술로서 인정받아왔던 것의 총합이라는 것이다. 따라서 예술로 인정받지 못한 것이 예술로 허용될 가능성이나 예술로 인정받은 것이 예술로 허용되지 못할 가능성이 전혀 없다. 그리고 새로운 예술 또한 역사 속에서 끊임없이 탄생하기 때문에 '역사적 서사'로서의 예술이라는 캐럴의 답변은 창조성의 조건 또한 침해하지 않는다. 그러므로 디키와 캐럴의 이론은 필요충분조건과 창조성 조건을 동시에 충족시키면서 반례나 오류의 가능성을 최소화했다고 볼 수 있다. 지금까지 나온 예술이란 무엇인가에 대한 답변 중에서 오류 가능성을 가장 최소화한 정확한 답변이라고 볼 수 있는 것이다.

그런데, 이러한 장점에도 불구하고 디키나 캐럴 이론이 창조성 조건을 충족시키는 방식을 보면 상당히 소극적이다. 디키나 캐럴의 이론은 새로운 예술을 적극적으로 제시한다기보다는 새로운 예술이 예술로 사회 문화적으로 인정된 이후에 소극적으로 추인할 뿐이다. 그러므로 디키나 캐럴의 이론은 예술의 새로운 전망을 제시하는 데는 기여하지 못한다. 이와 관련하여, 슈스터만Richard Shusterman은 캐럴의 이론을 다음과 같이 비판한다. "예술을 예술사적인 서사에 의해 정의된 활동으로 정의할 경우, 무엇을 예술로 간주할 것인가에 대한 모든 실질적 결정은 예술사에 의해 기록된 활동들의 내재적 결정에 맡기게 된다." 그리하여 "예술철학은 간단히 예술사 속으로 와해되어버리고, 예술이란 무엇인가 하는 생생하면서도 중요한 문제는 지금까지 예술이 무엇이었는지를 되돌아보는 설명으로 환원된다".[108]

이러한 비판은 디키의 제도론에도 마찬가지로 적용될 수 있다. 디키

108 Richard Shusterman, *Pragmatist Aesthetics: Living Beauty, Rethinking Art* (Blackwell, 1992), 44쪽.

의 제도론의 경우에도, 예술이란 무엇인가의 문제가 지금까지 예술 제도에서 예술의 자격이 수여된 예술이 무엇이었는지를 되돌아보는 일로 환원된다. 이러한 현상은 디키의 영향을 받은 여타의 이론들에서도 나타난다. 레빈슨Jerrold Levinson은 예술 작품이란 "이전의 예술 작품이 취급되었던 방식으로 취급되려는 의도로" 만들어진 것이라고 정의한다.[109] 이턴M. M. Eaton도 어떤 대상이 "역사, 비평, 이론 등의 미적 전통 속에서 주목할 만한 가치가 있다고 여겨진 고유의 성질들"과 연관하여 논의될 때 예술 작품이 될 수 있다고 주장했다.[110] 이들 이론에서도, 예술이란 무엇인가 하는 문제에 대한 해명은 지금까지 예술이 어떤 방식으로 취급되었는지, 또는 지금까지 미적 전통 속에서 주목받은 고유한 성질들이 무엇이었는지를 되돌아보는 설명으로 환원되면서 예술의 새로운 전망을 제시하는 데는 기여하지 못한다.[111]

예술이란 무엇인가에 대한 과거 추인적 이론들이 지닌 또 하나의 문제점은 이들 이론이 예술 제도나 예술사적 전통에 의해 승인받지 못했거나 소외되었던 부분들을 소홀히 하기 쉽다는 점이다. 오늘날 미학 이론에서는 그러한 문제점을 비판하면서 대안을 모색하는 시도들이 개진되고 있다. 특히 근대의 예술 제도나 예술사적 전통이 지닌 문제점을 비판

109 Jerrold Levinson, "Defining Art Historically", *The British Journal of Aesthetics 19* (1979), 236쪽. 이 논문 이외에도 Levinson의 "Extending Art Historically", *The Journal of Aesthetics and Art Criticism 51* (1993) 을 참고하기 바란다.

110 Marcia Muelder Eaton, *Basic Issues in Aesthetics* (Waveland Press, 1999), 94쪽.

111 슈스터만 이외에 레디Thomas Leddy도 디키, 캐럴, 레빈슨 등의 이론이 지닌 과거 회고적 성격을 비판하면서, 예술이란 무엇인가에 대한 답변은 예술이 무엇이었는가에 대한 답변이 아니라 '예술이 무엇이 되어야만 하는가'라는 당위 형태의 미래 지향적 답변으로 바뀌어야 한다고 주장했다. Thomas Leddy, "The Socratic Quest in Art and Philosophy", *The Journal of Aesthetics and Art Criticism 51* (1993), 399-410쪽을 참고하기 바란다.

하는 작업이 포스트모더니즘과의 연관 아래 이루어지고 있다. 이러한 작업은 크게 다음과 같은 방향에서 이루어지고 있다.[112]

첫째, 기존의 예술 제도나 예술사적 전통이 지나치게 남성 중심으로 이루어져 있다는 비판이다. 만일 제도나 전통의 구성원이 남성 중심일 경우, 그 제도나 전통의 구성원에 의해 자격이 수여되는 예술품 또한 남성적 기준에 합당한 예술품일 가능성이 많게 된다. 예컨대, 노클린은 〈왜 위대한 여성 미술가들이 존재하지 않았는가?〉라는 논문에서 그 까닭을 다음과 같이 설명하고 있다. "이제껏 위대한 여성 미술가가 없었던 사실에 대한 해답은 개인의 천재성 유무에 달려 있지 않고 사회 제도들이 여러 계층과 개인들에게 무엇을 금지하고 장려하는지에 달려 있다."[113] 이러한 비판을 바탕으로, 남성 중심적 제도나 전통에서 소외된 여성의 관점과 작품에도 관심을 기울여야 한다는 페미니즘 미학적 주장이 성립할 수 있다.

둘째, 기존의 예술 제도나 전통은 그 구성원이 상류층 중심으로 이루어져 있다는 비판이다. 사실, 지금까지 예술 제도나 전통을 구성하는 성원들이 경제력이나 문화적 감식안을 지닌 상류층이었음을 부인할 수 없다. 경제적으로는 다소 어려움을 겪는 경우가 있기는 하지만, 적어도 문화적으로는 상류층임이 틀림없다. 그리고 이러한 구성원들이 옹호하고 자격을 수여하는 예술은 이른바 고급 예술이 될 가능성이 많다. 따라

112 다음 글에서 부분적으로 수정하여 재인용했다. 김진엽, 〈미술교육과 포스트모더니즘〉, 《미술교육》 9호(1999), 34쪽.

113 Linda Nochlin, "Why Have There Been No Great Woman Artist?", *Women, Art, and Power and Other Essays* (Harper & Row Publishers, 1988), 158쪽. 린다 노클린, 〈왜 위대한 여성 미술가들이 존재하지 않았는가?〉, 《페미니즘 미술사》, 오진경 옮김(예경, 1997), 196쪽.

서 이러한 제도나 전통의 편협성을 뛰어넘어 일반 대중의 취미나 그들을 위한 작품에도 관심을 기울이려는 대중 예술의 미학이 성립할 수 있다.

예컨대, 슈스터만은 《프라그마티즘 미학》이라는 저서의 한 꼭지를 랩에 관해 할애하고 있다.[114] 그에 따르면, 랩은 차용적 샘플링, 새로운 기술과 대중 매체의 적극적 수용, 강한 사회 비판적 메시지, 흑인 빈민가 음악이라는 등의 특징을 보여준다는 점에서 근대적 예술 체계를 뒤흔드는 포스트모더니즘 예술의 전형이다. 기존의 음반에서 곡을 거침없이 따오는 차용적 샘플링은 근대 미학의 핵심 기준이었던 독창성과 유기적 통일성을 해체한다. 새로운 기술과 대중 매체의 적극적 수용이나 강한 사회 비판적 메시지 같은 특징은 예술적 순수성과 미적 자율성이라는 근대 미학의 이념에 도전한다. 흑인 빈민가 음악이라는 강한 지역성은 근대적 보편성을 부정한다.

셋째, 기존의 예술 제도나 전통이 서양 중심이라는 비판이 제기될 수 있다. 실제로 오늘날 우리가 배우고 있는 예술품들의 대다수가 서양 문화의 산물이다. 만일 서양 문화 밖 문화 성원들의 취미나 작품도 예술 제도나 전통에 적극 포함한다면 상황은 달라질 수 있다. 서양 중심적 태도에 대한 비판은 탈식민주의 이론을 중심으로 진행되고 있다.

예컨대, 사이드E. W. Said는 동양을 바라보는 서양 중심적 태도를 오리엔탈리즘이라 칭하며 다음과 같이 말한다. "오리엔탈리즘은 동양에 관하여 무엇을 서술하거나, 동양에 관한 견해에 권위를 부여하거나, 동양을 묘사하거나 또한 동양에 식민지를 세워 통치하기 위한, 즉 동양을 취급하기 위한 동업 조합적인 제도로 볼 수 있다. 간단히 말하자면 오리엔

114 슈스터만, 《프라그마티즘 미학》, 김진엽 옮김(북코리아, 2020), 4장.

탈리즘이란 동양을 지배하고 재구성하여 억압하기 위한 서양의 방식이다."[115] 오리엔탈리즘은 동양 문화를 정적, 직관적, 여성적 등이라고 묘사하는 데서 대표적으로 드러난다. 이러한 묘사는 서양 문화에 대한 동적, 이성적, 남성적 등의 묘사와 비교된다. 사이드에 따르면, 서양은 동양보다 우월한 묘사를 택하며 지배를 강화하고 정당화한다. 동양 또한 서양이 부여한 묘사에 익숙해져 지배에 순응한다. 이러한 오리엔탈리즘은 예술에 대한 묘사에도 적용되어 유사한 문제점을 드러낸다.

위에서 열거한 세 가지의 비판을 종합할 경우, 지금까지 예술의 제도나 전통은 서양 남성 상류층을 중심으로 운영되어왔다는 결론을 내릴 수가 있다. 그리고 이러한 반성은 포스트모더니즘 미학의 중요한 징후이기도 하다.

예술이란 무엇인가에 대한 미학의 답변은 예술 정의 불가론과 제도론을 거치면서 논리적 오류의 가능성을 최소화해나간다. 그러나 이러한 장점에도 불구하고 과거 추인의 특징으로 과거의 예술에 대한 비판을, 그리고 앞으로의 예술에 대한 제시를 결여하고 있다는 단점이 있다. 그러므로 예술이란 무엇인가에 대한 미학의 답변들은 기존의 예술을 추인하고 용인하는 단계를 넘어 기존 예술에 대한 비판적 반성을 통해 가장 바람직한 현시대의 예술적 모델이나 전망을 제시하는 쪽으로도 관심을 기울여야 한다.[116]

115 에드워드 W. 사이드, 《오리엔탈리즘》, 박홍규 옮김(교보문고, 2007), 15-16쪽.

116 그렇지만, 예술적 모델이나 전망을 제시하는 일이 자의적으로 이루어질 수는 없다. 예술의 가능한 범위를 벗어난 모델이나 전망은 그것이 아무리 좋은 것이라 해도 비현실적이다. 예술적 모델이나 전망의 제시는 기존의 예술 제도나 예술사적 전통을 — 예컨대 캐럴식의 설명을 빌리자면 — 반복, 확장, 거부하는 선에서 이루어져야 현실성을 지닐 수 있기 때문에, 예술이 무엇이었는가에 대한 이해는 실현 가능한 모델이나 전망의 제시를 위해 기본적으로 중요하다.

다원

예술의 종말

"작가는 자신이 제도로 변모하는 것을 용납하지 않을 의무가 있 습니다." 사르트르Jean-Paul Sartre가 1964년 노벨 문학상 수상을 거부하며 남긴 말이다. 실제로 예술은 예술의 내적인 제도이건 외적인 제도이건 그 제도를 풍자하고 비판하기를 주저치 않았다.

이 현상은 20세기에 들어 더욱 두드러진다. 각양각색의 아방가르드 작품들이 등장하면서 예술을 일정한 제도에 묶어두는 것은 점점 더 어려워지게 되었다. 비록 디키가 '제도론'을 내세우며 그 다양성을 제도적으로 용인된 다양성으로 축소하려 했어도, 예술계 내부의 사정은 더 이상 제도로 묶기에는 어려운 방향으로 흘러가고 있었다. 1960년대 이후 서양은 예술뿐만 아니라 문화 전반이 68운동이 상징하듯 기존의 제도에 격렬히 저항했다. 디키의 제도론은 제도에 저항하는 예술의 대세를 제도권 내에 수렴시키려는 노력이었다. 예술 현상은 제도를 넘어 더 넓은 자유로운 다양성을 구가하는 반면, 예술 이론은 예술을 제도 안으로 수렴시키려고 했다. 예술 현상과 예술 이론이 서로 엇물리는 상황이 발생한 것이다.

엇물리는 상황을 맞물리게 하는 해결점은 세 가지 정도이다. 첫 번째는 이론에 맞추어 현상이 변하는 것이다. 두 번째는 현상과 이론이 서로 양보하여 제3의 틀 내에서 화합하는 것이다. 세 번째는 현상에 맞추어 이론이 변하는 것이다.

역사의 흐름은 대체로 세 번째의 해결점을 취해왔다. 그리스 예술이나 르네상스 예술과 같은 고전주의 예술 현상과 모방론의 화합은 새로운 예술 현상인 낭만주의 예술의 등장과 더불어 무너지기 시작했고, 결국 낭만주의 예술에 화답하기 위해 모방론은 표현론으로 대체되었다. 그리고 낭만주의 예술과 표현론의 화합은 새로운 예술 현상인 추상 예술의 등장으로 흔들리기 시작했고, 추상 예술에 호응하기 위해 표현론은 형식론에 주류의 자리를 양보했다. 추상 예술과 형식론의 화합은 모더니즘이라는 이름으로 20세기 초반을 풍미했지만, 20세기 중반부터 아방가르드의 다양한 예술적 실험들이 감행됨에 따라 흔들리게 된다. 그런데, 이들 다양한 예술적 실험은 단일한 맹주를 배출하지 못하고 춘추 전국 시대를 연출한다. 예술의 춘추 전국 현상에 발맞추어 등장한 이론이 단토의 종말론이다.

미국의 미학자 단토는 '예술의 종말'이라는 다소 도발적인 표어를 내세운다.[117] 그런데 예술의 종말은 예술이 종말에 이르러 더 이상 만들어지지 않는다는 의미가 아니다. 예술은 앞으로도 계속 만들어질 것이다. 그리고 더 다양하게 만들어질 것이다. 예술의 종말은 더 다양하게 만

117 Arthur Danto, *After the End of Art: Contemporary Art and the Pale of History* (Princeton University Press, 1998). 《예술의 종말 이후: 컨템퍼러리 미술과 역사의 울타리》, 이성훈·김광우 옮김(미술문화, 2004).

들어지는 탓에 생긴다. 더 다양하게 만들어지는 탓에 어떤 중심이나 주류가 있을 수 없다. 너무도 다양한 양식의 예술들이 만들어지기 때문에 어떤 하나의 양식이 주류나 중심이 될 수 없다. 따라서 예술의 종말이 의미하는 바는 특정 예술 양식의 맹주 시대가 종말을 고하고 예술 양식의 백화제방시대가 열렸다는 것이다.

서양 예술의 역사를 돌이켜볼 때 특정 시대를 지배하는 주류 양식이 존재했다. 그리스에서 르네상스에 이르는 고전주의 시대에는 대상이나 사건을 잘 모방하는 예술이 주류를 차지했다. 세기 독일을 중심으로 시작하여 유럽으로 확신된 낭만주의 시대에는 작가의 독창적 감성을 잘 표현한 예술이 중심에 놓였다. 19세기 중반부터 20세기 중반까지는 모더니즘이라는 양식이 한 세기에 걸쳐 중심을 차지했다. 20세기 중반 모더니즘이 미니멀리즘의 대두와 함께 종말을 고한 후, 예술은 각종 다양한 양식들의 경연장이 되었다. 여러 양식들이 각축을 벌였지만 하나의 양식이 다른 양식을 억누르고 주류를 차지하는 일은 벌어지지 않았다. 때론 어떤 양식이 주류를 차지하는 듯했지만 일시적이었다. 세기의 예술 양식은 출현하지 못한 것이다.

단토는 이런 현상 앞에서 이제 더 이상 특정 양식의 지배가 이루어지지 않을 것임을 예견한 것이다. 물론 예언은 예언일 뿐이다. 예술의 종말이라는 단토의 예언이 앞으로 새로운 지배 양식의 등장과 함께 무너질 수도 있다. 그 유효 기간이 얼마인지를 떠나, 예술의 종말이 도래한 시대에는 예술 창작이 거의 모든 제한으로부터 벗어나 자유롭게 된다. "어떻게 하나의 양식이 다른 것보다 더 낫다고 말할 수 있는가? 당신은 다음 주면 추상표현주의자나 팝 아티스트, 아니면 사실주의자가 될 수도 있는 것이다. 그것도 무엇인가를 포기했다는 느낌을 받지 않으면서 말이다"라는 워홀의 말이 현실적으로 소통된다.[118] 팝 아트가 이 시대의 진정한 양식이기 때문에 사실주의 양식은 사이비 양식이라는 말은 성립하지 않는다. 어떤 예술가든 자유로이 자신의 양식을 창작해나가면 된다. 오늘은 이 양식, 내일은 저 양식, 모레는 그 양식으로 작품을 창작해도 변덕스럽다고 비난받을 이유가 없다. 예술가가 어떤 양식을 선택하느냐는 것은 취향이나 취미의 문제일 뿐이다.

단토의 종말론은 다원주의 예술론의 기본을 형성한다. 그런데 그의 이론만으로는 여러 가지 의문이 남는다. 따라서 여러 의문에 대한 답변을 통해 다원주의 예술론을 보완해보려 한다.

종말 이후의 예술

정말 무엇이든 예술이 될 수 있을까? 지금 눈앞에 보이는 것들을 읊어보자. 컴퓨터, 라디오, 전등, 컵, 연필, 안약, 테이프, 열쇠, 휴지, 여권, 종이, 마우스 등등. 눈을 좀 더 멀리 둬보자. 벽시계, 커튼, 벽지, 문고리, 바퀴벌레, 파리 등등. 이제 밖으로 나가자. 나무, 돌, 개미, 자동차, 바퀴, 자전거, 사람, 쓰레기, 가로등, 아스팔트 등등. 더 멀리 눈을 돌려보자. 햇살, 바람, 구름, 달, 별 등등. 이 모든 것이 예술이 될 수 있을까?

바퀴벌레? 말린 바퀴벌레를 표구하여 걸면 작품이 된다. 굳이 말리지 않아도 좋다. 전시장 전체에 산 바퀴벌레를 풀어놓고 그럴듯한 제목을 붙이면 작품이 된다. 다소 엽기적이지만 '예술적'과 '엽기적'은 모순되지 않으며 오늘날은 호환되기도 한다. 똥이나 생리대가 전시장에 놓이거

118 단토, 《예술의 종말 이후》, 97쪽.

나 걸리는 경우도 왕왕 있으니 말이다. 지금 읊은 단어들을 네이버나 구글 등 인터넷 검색 엔진에 예술이라는 단어와 조합하여 입력해보면 대체로 해당 작품이 등장할 것이다.

생각난 김에 구글에서 '바퀴벌레 예술'을 검색해보았다. 바퀴벌레 예술가가 뜬다. 바퀴벌레에 물감을 묻힌 후 기어가게 하여 만든 그림이다. 개미, 지렁이, 미꾸라지 등으로 바꾸어도 될 터이다. 동물 학대를 염려해서인지 작품을 마친 바퀴벌레는 잘 목욕시켜서 풀어준다고 한다. 바퀴벌레로 이루어진 작품도 검색된다. 작품 가운데에 희망이라는 뜻의 영어 단어가 적혀 있고 그 글자를 여러 마리의 바퀴벌레가 꼬리를 물며 구성하고 있다. 그런데 진짜 바퀴벌레가 아니라 그린 바퀴벌레이다. 세밀히 그려놓은 덕분에 진짜 바퀴벌레 같다. 진짜 바퀴벌레로 이루어진 작품은 찾지 못했다. 그러나 염려할 필요는 없다. 어떤 무엇으로 만든 작품이 없으면 그 무엇으로 작품을 만들면 된다. 예술이 될 가능성이 있으며 덤으로 독창적이라는 칭송도 들을 수 있다.

그런데 달이나 별은 어떻게 예술이 될 수 있을까? 달이나 별을 사진으로 찍어 예술로 만들 수 있으며, 언젠가는 우주선을 타고 가서 대지 예술의 일환으로 달이나 별의 일부를 작품화할 수 있을 것이다. 오늘날은 정말 무엇이든 예술이 될 수 있다. 오늘이 아니라면 내일, 나아가 언젠가는 그럴 수 있다.

예술과 비예술

그런데 무엇이든 예술이 될 수 있으면 예술인 것과 예술 아닌 것, 즉 예술과 비예술의 구분은 어떻게 이루어지는가? 외형적으로는 구분하기 어렵다. 벌레로서의 바퀴벌레와 예술로서의 바퀴벌레는 생김새는 똑같을 수 있다. 꽃으로서의 목련과 예술로서의 목련도 생김새는 똑같을 수 있다. 화장실의 변기와 예술로서의 변기도 마찬가지다.

그럼 외형적 구분 이외의 다른 구분은 가능한가? 제도론은 예술 제도로써 구분이 가능하다고 주장했다. 예술 제도의 절차를 거쳐 생김새가 똑같은 화장실 변기와 예술 변기가 비예술과 예술로 구분된다고 본 것이다. 그렇지만 다원주의 미학은 제도를 넘어서는 것을 예술의 한 특징으로 본다. 특히 우상 파괴적이거나 혁신적인 아방가르드는 제도를 부수는 것을 자신의 주요 특징으로 삼는다. 그러한 특징이 예술 속에 살아 있는 한 제도의 힘은 예술과 비예술을 가르는 힘을 발휘하기 어렵다.

예술 정의 불가론이 주장하듯 예술과 비예술을 가르는 본질적 구분은 없다. 그럼에도 불구하고 예술과 비예술의 구분이 현실적으로는 존재한다. 인간과 침팬지의 차이는 1퍼센트 남짓이라고 한다. 진화론에 따르면, 그 1퍼센트 남짓의 차이가 발생하는 데 수백만 년의 시간이 필요했다. 인간의 예술의 역사는 기껏해야 수만 년이다. 그 수만 년의 시간 동안 그냥 바위와 바위에 새긴 그림에서 비롯된 차이가 얼마나 대단할까.

그럼에도 불구하고 역사를 살아간 인간의 노력과 욕망과 투쟁은 다양한 힘들의 투사를 통해 예술과 비예술의 구분을 현실적으로 존재하게 만들었다. 그 다양한 힘과 특징들을 일괄하기는 불가능하다. 일괄한다고 해도 한때의 일일 뿐이다. 다원주의 예술론은 예술과 비예술의 구분이 현실적으로 존재함을 인정하지만 그 구분이 다양한 요소에 의해 이루어지며, 그 다양한 요소 또한 가변적으로 작용한다고 본다.

표현의 자유

"어떻게 하나의 양식이 다른 것보다 더 낫다고 말할 수 있는가? 당신은 다음 주면 추상표현주의자나 팝 아티스트, 아니면 사실주의자가 될 수도 있는 것이다. 그것도 무엇인가를 포기했다는 느낌을 받지 않으면서 말이다." 앞서 인용했던 워홀의 말이다. 다원주의 예술론은 워홀의 말에 적극 동의한다. 작가가 어떤 양식을 택하느냐는 취향이나 취미의 문제이다. 각자의 취향이나 취미는 권장되고 인정받아야 한다. 그런데 어떤 예술가가 자신의 홈페이지에 자신의 전신 누드 사진을 올렸다고 하자. 어떤 가수가 비속어를 가득 담은 노래를 부른다고 하자. 어떤 소설가가 파시즘을 찬양하는 소설을 썼다고 하자. 이러한 양식의 작품도 취미의 차이라는 이유로 인정받을 수 있을까?

서장에서 언급했듯이, 다원주의는 자유주의의 연장선에 있다. 자유주의는 개인의 자유를 최대한 확대하는 것을 목표로 하지만, 무제한의 자유를 허용하는 것은 아니다. 성인의 경우, 성인 개인의 자유는 그 개인의 자유가 타인에게 피해를 주지 않는 선에서 허용된다.[119] 예컨대, 월드컵 응원에서 어떤 국가를 어떤 방식으로 응원하느냐는 개인의 자유이다. 그러나 응원을 위해 고성을 지르고 굉음을 울려서 다른 사람의 밤잠을 방해한다면, 그 응원은 금지되어야 한다. 고성을 지르고 굉음을 울리는 자유를 누리고 싶다면, 밤잠을 자는 타인의 공간에서 멀리 떨어져 하면 된다.

자유주의의 원리는 다원주의 예술론에도 적용될 수 있다. 이는 특히 표현의 자유와 연관된다. 표현의 자유는 그 작품이 타인에게 피해를 주

119 자유주의의 이러한 태도에 대해서는 밀, 《자유론》 1장을 참고하기 바란다.

지 않는 이상 허용되어야 한다. 앞서 언급한 누드 사진, 욕설 섞인 노래, 파시즘적 소설 등의 작품이 타인에게 피해를 주는가? 타인에게 피해를 주지 않는다면, 플라톤식의 애매모호한 공동체적 명분으로 예술가가 누려야 할 표현의 자유가 금지되어서는 안 된다. 그러나 만일 타인에게 피해를 준다면, 어떤 예술적 명분으로도 표현의 자유는 허용되어서는 안 된다.

하지만 '타인에게 피해를 주어서는 안 된다'라는 자유주의식 제한 조건은 애매하여 논란의 여지가 크다. 앞에서 언급한 작품의 사례들 이 타인에게 피해를 주는지 아닌지를 둘러싸고서도 큰 논란이 벌어질 수 있다. 피해의 폭을 넓게 설정할수록 표현의 자유는 축소될 것이며, 피해의 폭을 좁게 설정할수록 표현의 자유는 확대될 것이다. 어떤 경우든, 피해의 폭을 어떻게 설정할지에 대한 사회적 합의는 가능하다. 그리고 합의된 규정에 따라 타인에게 해를 끼치는 표현인지 아닌지를 결정할 수 있다.

평가의 기준

다원주의 예술론에서는 자유주의적 제한 내에서 모든 작품이나 양식을 허용하는 것이 바람직하다. 그렇다면, 타인에게 피해를 주지 않기 때문에 허용된 작품이나 양식에 대한 평가가 다원주의 예술론에서 이루어질 수 있는가? 좋은 작품 좋은 양식, 나쁜 작품 나쁜 양식이라는 표현이 다원주의 예술론에서 가능한가?

이 의문 앞에서 다원주의 예술론은 딜레마에 봉착한다. 더 많은 자유를 허용하여 더 많은 다양성을 추구한다면, 어떤 기준을 마련하여 평가를 내리는 것은 바람직하지 못하다. 평가의 기준이 존재한다면, 그 기준을 향해 다양성이 수렴되어 다양성의 폭이 좁아질 가능성이 높다. 그러나 더 많은 자유와 더 많은 다양성을 위하여 기준 마련을 배척한다면 자칫 혼란에 빠질 수도 있다. 기준이 부재하면 다음과 같은 상황을 둘러싼 물음에 답변을 못할 수 있다. 미술 대학의 입시에서 응시생들의 작품을 평가하여 합격자와 불합격자를 판정할 수 있는 기준은 무엇인가? 국가에서 지원하는 예술 기금 응모에 참여한 작품을 평가하여 수혜자와 비수혜자를 판정할 수 있는 기준은 무엇인가?

다양성을 생각한다면 평가의 기준을 부정하는 것이 바람직하고, 현실적 혼란을 피하고자 한다면 평가의 기준을 긍정하는 것이 바람직하다. 이러한 딜레마를 어떻게 해결할 것인가? 한 가지 해결책은 다양성을 허용하는 평가의 기준을 마련하는 것이다. 다양성을 허용하는 평가의 기준을 다원주의 예술론의 평가 기준이라고 부르자. 그렇다면, 다원주의 예술론의 평가 기준은 어떤 형태를 띨 수 있을까?

첫째, 다원주의 예술론의 평가 기준은 하나가 아니라 여럿이다. 모방론, 표현론, 형식론 등은 하나의 평가 기준을 제시하지만, 다원주의 예술론은 이 세 가지 기준뿐만 아니라 마르크스주의적 기준, 페미니즘적 기준, 프로이트적 기준 등 다양한 기준을 인정한다. 상이한 작품들뿐만 아니라 동일한 작품에 대해서도 다양한 평가 기준이 존재한다. 예컨대, 폴록Jackson Pollock의 동일한 그림에 대해 모방론적 기준, 표현론적 기준, 형식론적 기준, 마르크스주의적 기준, 페미니즘적 기준, 프로이트적 기준 등 다양한 기준으로 평가할 수 있다.

둘째, 다원주의 예술론의 평가는 이러한 가능한 여러 평가의 기준들 중 일정한 기준을 선택하여 작품에 적용함으로써 이루어진다. 어떤 작품에 어떤 기준을 적용하여 평가할지는 당위의 문제가 아닌 선택의 문제이다. 그리고 적용된 기준이 무엇이냐에 따라 동일한 작품에 대해서도 평가가 달라질 수 있다. 예컨대, 폴록의 그림은 형식론적 기준에 따르면 좋은 작품일 수 있지만, 마르크스주의적 기준에 따르면 나쁜 작품일 수 있다. 이러한 점은 앞서 언급한 미술 대학 입시나 예술 지원 기금 심사에도 마찬가지로 적용될 수 있다. 여기서도 가능한 여러 평가 기준들 중 일정한 기준을 적용하여 평가할 수 있으며, 어떤 기준을 적용할지는 당위의 문제가 아닌 선택의 문제이다.

셋째, 선택하여 적용한 일정한 기준 내에서는 작품들 간의 우열이 가려질 수 있다. 즉 제욱시스의 그림과 고흐의 그림 중 모방론적 기준에서는 어떤 작품이 우월한지 평가될 수 있는 것이다. 모방론적 기준에서는 제욱시스의 그림이 고흐의 그림보다 더 우월할 수 있다. 그렇지만, 표현론적 기준에서는 고흐의 그림이 제욱시스의 그림보다 더 우월할 수 있다. 그리고 바사리적 기준에서는 라파엘로Raffaello Sanzio의 그림이 폴록의 그림보다 우월할 수 있다. 그렇지만, 그린버그적 기준에서는 폴록의 그림이 라파엘로의 그림보다 우월할 수 있다. 마르크스주의적 기준에서는 라파엘로의 그림도 폴록의 그림도 열등한 그림일 수 있다.

넷째, 다양한 기준 내에서의 평가가 '좋다/나쁘다' 식의 이분법으로 이루어지는 것이 아니라 '아주 좋다/좋다/그럭저럭하다/나쁘다/아주 나쁘다' 식의 다분법으로 이루어진다. 세상에는 좋은 사람과 나쁜 사람만 있는 것이 아니다. 작품도 좋은 작품과 나쁜 작품만 있는 것이 아니다. 평가에서 미세한 차이를 띠는 수많은 작품이 존재한다. 그러한 미세한 차이를 분별할 수 있는 평가가 더 섬세한 평가이고 더 정확한 평가이다. 이분법적 평가보다는 다분법적 평가가 더 섬세하고 더 정확한 평가에 가깝다.

3

비평

비평 천성

소설을 읽었다. 음악을 들었다. 그림을 보았다. 친구들과 이야기 를 한다. 명화에 대한 찬사가 쏟아지고, 졸작에 대한 성토가 이어지고, 때론 찬반이 갈리며 격하게 충돌한다. 굳이 예술 작품이 아니더라도 인간은 어떤 대상에 대해 칭찬과 꾸중을 하려고 한다. 어떤 사람을 칭찬하기도 하고, 어떤 도시를 깔보기도 하고, 어떤 스포츠 구단을 비난하기도 한다.

왜 그럴까? 인간의 천성일 수 있다. 어떤 사람의 흠을 목격하면 입이 근지러워 견딜 수 없다. '갑돌이 아빠는 주정꾼'이라고 떠들고 다녀야 직성이 풀린다. '임금님 귀는 당나귀 귀'라고 외쳐야 숨통이 트인다. 베토벤의 〈합창〉을 듣고 나면 가슴이 벅차올라 누군가에게 그 감동을 전하지 않을 수 없다. 엉망진창인 연극을 보고 나면 화가 나서 험담을 퍼붓지 않을 수 없다. 태산처럼 높은 작품이 있는가 하면, 두더지 흙집처럼 얕은 작품이 있다. 대양처럼 넓은 작품이 있는가 하면, 연못처럼 작은 작품도 있다. 공과를 따지고, 옥석을 가려야 속이 시원하다. 그것이 인간의 천성이자 본성이다.

그렇다면 왜 인간에게 그런 천성이 있는 것일까? 올바른 정보를 취득하는 것이 중요하기 때문일 수 있다. '저 과일은 몸에 나빠.' '이 풀은 몸에 좋아.' '뱀은 위험해.' '옆집 총각은 믿음직해.' '고개 두 개 너머 마을은 살기 좋대.' 그릇된 정보 하나가 목숨을 앗아갈 수 있고, 올바른 정보 하나가 마을 전체를 살릴 수도 있다. 잘 살기 위해서는 끊임없이 정보를 주고받으며 옥석을 가려내야 한다. 잘 살기 위해 정보를 교환하는 습관이 오래되다 보니 우리의 마음에 유전자처럼 박혀 대대손손 계승되며 천성이자 본성으로 자리 잡았다. 그래서 우리의 자손들 또한, 우리의 조상이 그랬고 우리가 그렇듯 정보의 교환을 매우 중요하게 생각한다. 인터넷의 바다에 풍덩 빠지고, 스마트폰에 열광하는 까닭도 우리 유전자 속에 정보 교환의 중요성이 깊이 박혀 있기 때문이다.

물론 예술 작품에 대한 정보 교환이 삶을 위한 중요성에서 큰 자리를 차지하는 것은 아니다. 먹을 것에 대한 판단, 거주할 곳에 대한 판단, 적에 대한 판단 등이 중요성으로는 더 큰 자리를 차지할 것이다. 그렇지만 중요한 정보를 교환하는 습관이 일반적 정보를 교환하는 습관으로 넓어져갔을 것이다. 그리고 어떤 정보가 중요한가는 개인에 따라 또는 시대에 따라 다를 수 있다. 오늘날의 사회에서는 예술에 대한 정보 교환도 상당히 중요한 비중을 차지한다.

비평은, 단지 정보만 교환하는 활동은 아닐지라도 그러한 활동의 연장선에서 발전해온 분야라고 할 수 있다. 예술에 대한 좀 더 정확한 정보를 파악하려는 노력이 비평의 뿌리가 되었을 것이다.

기술, 해석, 평가

- 비평은 예술에 대한 이해를 풍요롭게 하기 위해 언어를 사용하는 것이다.
- 어린이도 이해할 수 있는 간결한 언어를 직조하라.
- 비평은 선언이 아니라 논증을 하는 일이다.
- 비평가는 정확한 판단, 명료한 글, 곧은 논증을 펼쳐야 한다.
- 좋은 비평은 좋은 대화, 즉 직설적이고, 신선하고, 개인적이고, 불완전한 그런 대화와 같다.[1]

비평에 관한 여러 조언이다. 조언을 귀에 담고 비평에 대한 대표적 설명 중 하나를 살펴보자. 이 설명에 따르면, 비평이란 기술description, 해석interpretation, 평가evaluation라는 세 부분으로 이루어진다.

기술은 작품의 사실적 부분을 서술하는 일이다. 셰익스피어William Shakespeare의 《햄릿》을 예로 들어보자. 《햄릿》을 비평한다고 했을 때, 기술에 해당하는 부분은 '햄릿의 숙부는 햄릿의 아버지를 죽였다', '햄릿은

1 인용을 위해 Terry Barrett, *Criticizing Art* (Mayfield, 2000), 2장을 참조했다.

아버지를 사랑했다', '햄릿은 숙부에게 복수하는 일을 머뭇거렸다' 등이다.

해석은 작품의 기술에 해당하는 사실적 부분들을 둘러싸고 의문이 발생할 때 그 의문에 대한 답을 모색하는 활동이다. 일상적인 예를 들어보자. 먼저 하나의 예. 잠을 자다 자명종 시계가 울려 눈을 떴다. 날이 밝았고 시계를 보니 오전 7시다. 이때 우리는 현 상황에 대해 아무런 의문을 제기하지 않고, 자리에서 일어나 세수를 하고 새로운 하루의 일상을 준비해나간다.

그런데 다른 예를 생각할 수 있다. 잠을 자다 자명종 시계가 울려 눈을 떴다. 사방이 아직 컴컴하다. 이상하다. 오전 7시에 울리도록 시계를 맞춰놓고 잤는데, 왜 아직 컴컴할까. 의문이 든다. 의문을 해소하기 위해 우리는 일련의 활동을 벌이게 된다. 혹, 자명종 시계가 잘못 울린 것은 아닐까. 불을 켜고 시계를 본다. 오전 7시다. 오전 7시인데, 왜 사방이 컴컴할까. 의문은 아직 해소되지 않았다. 이번에는 커튼을 열고 창밖을 본다. 잔뜩 먹구름이 꼈다. 먹구름이 해를 가려 어둡다. 아, 그래서 오전 7시인데도 아직 사방이 컴컴하구나. 이제 의문은 해소됐다. 출근을 서두르자.

위의 두 가지 예에서 전자의 사실적 부분들은 '자명종 시계가 울렸다', '날이 밝다', '시계가 오전 7시를 가리키고 있다' 등이다. 이 경우에는 사실적 부분들이 충돌을 빚지 않으며, 따라서 사실적 부분들을 둘러싼 의문이 발생하지 않는다. 우리는 현 상황을 즉각 이해하여, 하루 일상의 새로운 준비에 들어간다. 굳이 우리가 마주한 현 상황을 해석할 필요가 없다.

그런데 후자의 경우는 다르다. 후자의 사실적 부분들은 '자명종 시계가 울렸다', '사방이 컴컴하다', '시계는 오전 7시를 가리키고 있다' 등이다. 이 경우에는 사실적 부분들이 충돌을 빚으며 의문을 일으킨다. 왜 오전 7시에 자명종 시계가 울렸음에도 불구하고 사방이 아직 컴컴할까? 현 상황이 바로 이해되지 않는다. 따라서 의문에 대한 답을 모색하는 활동에 들어간다. 우리가 마주한 현 상황에 대한 해석에 들어가는 것이다.

이는 예술 작품을 해석할 때에도 마찬가지이다. 작품의 사실적 부분이 바로 이해되면 우리는 해석을 하지 않는다. 그냥 즐기면 된다. 마음껏 감동을 누리면 된다. 예컨대, 겨울 소백산이 펼치는 백설의 장관을 우리는 굳이 해석하려 들지 않는다. 백설의 아름다움에 흠뻑 빠져 즐거워하며 감동한다. 예술 작품도 해석의 여지 없이 감동을 주는 경우가 있다. 그러나 상대적 인간 문화의 산물인 예술 작품의 경우에는 대체로 의문과 논란의 여지가 발생한다. 그리고 이때 우리는 그 의문을 해소하기 위해 해석 활동에 들어간다.

앞서, 《햄릿》의 예로 돌아가 보자. 이미 기술했던 《햄릿》의 사실적 부분들은 충돌을 빚으며 잘 이해되지 않는다. 이때 의문이 발생한다. 아버지를 사랑했음에도 불구하고, 왜 햄릿은 아버지를 죽인 숙부에게 복수하는 일을 머뭇거렸는가? 의문을 해소하기 위해 우리는 해석 활동에 들어간다. 《햄릿》의 이곳저곳을 주의 깊게 뒤적인다. 특히, 복수를 머뭇거리는 부분의 전후 맥락에 주목한다. 그리고 다음과 같은 해석의 결과를 내놓는다. '햄릿은 아버지를 사랑했기 때문에 복수를 하고 싶었지만 범인을 알려준 정보원이 유령이었던 탓에 그 유령이 제공한 정보가 확실한지 검증하기 위해 복수를 머뭇거린 것이다.'

비평의 세 가지 부분 중 마지막 하나인 평가는 기술과 해석에 근거해 내리는 가치 판단이다. 위와 같은 기술과 해석에 근거해 다음과 같은 가치 판단을 내릴 수 있을 것이다. '햄릿은 우유부단한 인물이 아니라 신중한 인물이다.' 물론, 평가가 작중 인물에 국한해서 이루어지는 것은 아니다. 기술과 해석이 어떤 방향에서 이루어지느냐에 따라, 작품의 형식, 작품의 내용, 작품의 역사적 위상, 작가의 철학 등 다양한 측면이 평가의 대상이 될 수 있다.

지금까지 비평이 기술, 해석, 평가라는 세 가지 부분으로 구성된다는 설명을 살펴보았다. 그러나 이러한 설명에 다소 수정이 이루어지고 있다. 수정의 요지는 다음과 같다. 세 가지 부분 중 해석이 비평에서 가장 큰 역할을 한다. 해석을 통해 사실에 대한 기술이 변할 수 있고, 평가 또한 달라진다. 비평은 기술, 해석, 평가를 순차적으로 내리는 일이 아니라 해석을 중심으로 기술과 평가를 내리는 일이 된다.

다시, 《햄릿》의 예로 돌아오자. 어떤 비평가가 있다. 그는 최근 프로이트의 '오이디푸스 콤플렉스'라는 개념에 깊이 매료되었다. 일상적 사건뿐만 아니라 예술 작품들도 '오이디푸스 콤플렉스'라는 개념을 가지고 해석한다. 그가 《햄릿》을 주의 깊게 읽는다. 그는 햄릿이 오이디푸스 콤플렉스에 시달렸다고 해석한다. 햄릿은 아버지에 대한 적개심이 강했다. 숙부가 아버지를 죽였다. 그는 숙부에게 복수를 하고 싶었다. 그러나 그의 무의식의 한편에서는 아버지에 대한 적개심이 충족된다. 그는 갈등한다. 그는 복수를 머뭇거린다.

이렇게 해석할 경우, 앞서 '햄릿은 아버지를 사랑했다'라는 사실에 대한 기술은 '햄릿은 아버지를 증오했다'라고 변하게 된다. 사실에 대한 기술이 해석을 통해 변한 것이다. 그리고 평가도 이전의 '햄릿은 신중한 인물이다'에서 '햄릿은 잠재적 패륜아다'로 변하게 된다.

해석의 역할에 대한 이러한 강조는 비평에 대한 논의의 무게 중심을 해석 쪽으로 이동시킨다. 그에 따라 해석의 방법이 비평에 대한 논의에서 중요한 자리를 차지하게 된다. 어떻게 해석하느냐에 따라 기술과 평가가 변할 수 있으므로, 어떤 해석의 방법을 취하는 것이 적절한지의 문제가 중요시되는 것이다.

해석에 관련된 문제를 연구하는 분과 중 하나가 해석학Hermeneutics이다. 해석학이라는 용어는 그리스 신화에 나오는 헤르메스Hermes에서 유래했다. 헤르메스는 여러 재주를 지닌 신이었는데 주된 역할 중 하나가 신들의 메시지를 인간 세상에 전하는 일이었다. 그런데 인간에게 전하는 신들의 메시지가 항시 명확한 것은 아니었다. 때론 모호하거나 난해한 메시지를 전하게 되었고 인간들은 이런 메시지를 잘 이해하지 못했다. 이럴 경우에는 헤르메스가 나서 인간이 이해할 수 있게끔 신의 메시지를 해석해주었다. 그러나 해석의 과정에서 오류나 왜곡이 발생했다. 이런 맥락에서 소크라테스는 헤르메스를 전령이자 해석자이자 거짓말쟁이라고 말했다.[2] 헤르메스의 이러한 운명은 비평가에게도 마찬가지일 터이다.

비평가는 작품의 메시지를 독자나 감상자에게 전달한다고 볼 수 있다. 전달 과정에서 작품의 메시지가 너무 어렵거나 모호할 경우 감상자가 이해할 수 있게끔 해석해준다. 그러나 해석의 과정에서 오류나 왜곡이 발생한다. 그렇다면 이러한 오류나 왜곡을 막아줄 수 있는 해석의 방법이 가능한가?

2 플라톤, 《크라튈로스》, 김인곤·이기백 옮김(이제이북스, 2007), 408a-d를 참고하기 바란다.

의도

의도주의는 작품의 사실적 부분들이 직접적으로 이해되지 않고 의문이 들 때 저자의 의도를 통해 그 의문을 해소하라고 권유한다. 몬드리안P. C. Mondrian의 그림 앞에 섰다. 격자무늬들이 뒤얽혀 있다. 이것이 무엇일까? 잘 이해되지 않는다. 저자에게 의도를 물어본다. 몬드리안은 도시의 한 광장을 이러저러하게 추상화해놓았다고 한다.

의도주의에서는 저자의 의도를 파악하는 일이 중요하다. 저자가 살아 있을 경우에는 앞의 예에서처럼 저자에게 직접 물어보는 방식을 취할 수 있다. 저자가 죽은 경우에는, 저자의 일대기를 추적하여 작품에 어떤 의도가 담겨 있는지를 그 일대기의 맥락 속에서 추측하는 방식을 쓴다. 고흐의 〈별이 빛나는 밤〉에서 별은 왜 그렇게 요동치고 있을까? 잘 이해되지 않는다. 가난, 불안, 좌절, 정신 질환으로 점철되었던 고흐의 삶, 그 삶에 근거하여 까닭을 추측한다.

저자author가 작품의 의미를 결정하는 권위authority를 지녔다는 생각은 저자의 개념이 등장한 이후 해석 이론을 널리 지배해왔다. 이러한 생각에 따르자면, 작품의 의미는 저자의 의도와 동일시될 수 있거나 저자의 의도에 근거한 것이므로 작품 해석의 목적은 저자의 의도를 밝혀내는 것이다.

현대에 들어 의도주의의 대표적 이론가로 허시E. D. Hirsch, Jr.를 꼽을 수 있다. 의도주의를 표방한 허시의 목적은 해석의 타당성을 판단하는 규범적 원리가 존재하지 않는다고 보는 관점들을 극복하여 해석의 객관성을 회복하는 데 있다.[3] 극복되어야 할 관점으로 허시는 '역사주의historicism', '심리주의psychologism', '자율주의autonomism'를 꼽았다.[4]

역사주의의 관점은 작품의 의미가 시대에 따라 변한다는 생각이다. 《춘향전》이나 《흥부전》의 의미는 시대에 따라 달라질 수 있는 것이다. 정절의 춘향이나 권선의 흥부가 유교의 시대가 아닌 민권의 시대나 자본의 시대에는 예속의 춘향이나 무능의 흥부가 될 수 있는 것이다.

심리주의는 작품의 의미가 독자나 감상자의 심리에 따라 변한다는 생각이다. 감상자의 심리 상태가 희망으로 가득 차 있을 때와 절망으로 뒤흔들릴 때 베토벤의 피아노 소나타 〈열정〉의 의미가 달라진다는 것이다. 역사주의나 심리주의 양자 모두 작품 의미의 변화 가능성에 주목하고 하나의 해석이 타당하다는 가능성을 부인한다.

의미意味, meaning와 의의意義, significance를 구분함으로써 허시는 양자의 입장을 모두 공격한다. 그에 따르면, 의미는 작품에 의해 재현되는 것으로서 저자가 특정한 일련의 기호를 사용하여 나타낸 것이다. 반면, 의의는 그러한 의미와 더 큰 문맥이, 예컨대 저자와는 다른 심리, 다른 시

3 E. D. Hirsch, Jr., *Validity in Interpretation* (Yale University Press, 1967), 212쪽.

4 *Validity in Interpretation*, viii쪽.

기, 다른 가치 체계, 다른 관심사 등이 맺는 관계이다.[5] 그런데 의미와 의의 중에서 변하는 것은 작품의 의미가 아니라 의의다. 의미가 문맥과 맺는 관계가 변하는 것이지 의미 자체가 변하는 것은 아니다. 의의는 관계를 함축하고, 그러한 관계 중 하나의 불변하는 항구적 축이 작품의 의미이다.[6]

의미와 의의의 구분은 해석과 비평의 구분과 상응한다. 해석의 대상은 스스로 존재하는 작품의 의미이며, 비평의 대상은 그러한 의미가 다른 것들과 관련을 맺음으로써 생겨나는 작품의 의의이다. 해석은 작품이 명시적으로 또는 함축적으로 재현하는 의미를 해명하나, 비평은 해석의 결과에 기초하여 작품의 의미를 더 큰 문맥 속에서 하나의 요소로 마주대한다.[7] 그러므로 의미는 지식의 안정된 대상이지만, 의의는 가치의 불안정한 영역이다.[8]

허시는 역사주의적 관점과 심리주의적 관점은 의미와의 의를, 해석의 대상과 비평의 대상을, 지식과 가치를 혼동했기 때문에 작품의 의미가 시대에 따라, 심리에 따라 변한다고 주장하는 오류를 범했다고 지적한다.

이들 두 관점 이외에 허시가 비판하는 다른 하나의 관점은 앞서 언급했듯이 '자율주의'이다. 자율주의란 이후에 살펴볼 형식주의와 궤를 같이하는 것으로서 작품은 그 자체로 생명을 가지기 때문에 작품의 의미

5 *Validity in Interpretation*, 8쪽; Hirsch, *The Aims of Interpretation* (The University of Chicago Press, 1967), 2-3쪽.

6 *Validity in Interpretation*, 8쪽.

7 *Validity in Interpretation*, 210쪽.

8 *The Aims of Interpretation*, 8쪽.

가 작품 그 자체 속에서 언어의 공적 규범을 통해 자율적으로 결정된다고 본다.

그러나 허시는 언어의 공적 규범이 작품 의미의 가능성을 제한하기는 하지만 작품의 실제 의미를 정확히 결정해줄 수는 없다고 주장하면서 자율주의를 공격한다. 좁게는 작품에 등장하는 문장 하나조차 언어의 규범에 의해 의미가 결정되지 못할 때가 있다. 허시는 그러한 문장의 예로 "My car ran out of gas"를 든다.[9] 이 문장은 그 자체의 문장 구조를 언어 규범에 비추어 살펴보았을 때 두 가지 의미를 동시에 지닐 수 있다. 하나는 "내 차에 기름이 떨어졌다"라는 의미로, 다른 하나는 "내 차가 (매연) 가스 속에서 뛰쳐나왔다"라는 의미로 해석될 수 있다. 그런데 자율주의의 권유를 받아들여 이 문장을 언어 규범을 통해 아무리 곰곰 헤아려보아도 두 가지 의미 중 어떤 것이 올바른 의미인지를 결정할 수 없다.

허시에 따르면, 오직 저자의 의도만이 올바른 의미를 결정할 수 있다. 후설의 현상학에 영향을 받아 허시는 의미는 단어가 아닌 의식의 사태라고 주장했다.[10] 단어는 누군가가 그 단어를 통해 무엇인가를 의미하거나 이해하기 전까지는 그 어떤 특정한 것도 의미할 수 없다. 작품의 의미와 연관된 의식은 저자의 의식과 독자의 의식 두 가지가 있을 수 있다. 그런데 독자의 의식이 작품 의미의 근원이 될 경우 작품의 의미는 독자의 읽기에 따라 달라지므로, 독자의 의식은 의미를 결정하는 기준으로 작용할 수 없다. 따라서 저자의 의식만이 작품의 의미를 결정하는 기준으로 작용할 수 있다. 그런데 의식은 항상 무엇에 대한 의식이다. 그리고

9 *Validity in Interpretation*, 225쪽.

10 *Validity in Interpretation*, 4쪽.

의식의 이러한 대상 지향성 또는 목적 지향성이 바로 의도이다. 그러므로 허시는 작품의 의미는 저자의 의도에 의해서 결정되며, 해석의 목적은 그러한 의도를 발견하는 것이라고 결론 내린다.

의도주의는 모든 예술 분야에 걸쳐 오랫동안 적용된 해석 방법이다. 여기서는 그러한 적용의 한 예를 마네의 〈아틀리에에서의 점심Le Dejeuner dans l'atelier〉이라는 작품에 대한 해석을 통해 살펴보도록 하겠다.

마네의 이 그림은 1868년에 그려졌다. 화면 왼쪽에서부터 투구와 칼, 고무나무, 은빛 커피 주전자, 몇몇 음식들이 임의로 배치되어 있으며, 별 연관 없어 보이는 세 사람이 그려져 있다. 중앙에 있는 인물은 그림이 그려졌을 당시 열여섯이던 레옹 린호프Leon Leenhoff의 모습이다. 그의 어머니 수잔 린포프Suzanne Leenhoff는 레옹을 낳은 지 12년 후인 1863년에 마네와 결혼했다. 화면 오른쪽에 있는 남자는 신원이 정확히 밝혀지지 않은 인물로, 모네Claude Monet가 처음 모델로 삼은 이후 루슬랭Auguste Rousselin도 모델로 삼았다. 세 번째 인물인 여인은 신원이 밝혀지지 않은 가정부다.

일찍부터 마네의 이 그림은 실패작이라는 평가를 받았다. 고티에Theophile Gautier는 다음과 같이 불평했다. "그런데 왜 투구가 식탁 위에 놓여 있는가? 이 투구는 결투 뒤에 나오는 점심인가 아니면 결투 전에 나오는 점심인가? 알 도리가 없다."[11]

오늘날에도 이 그림은 여전히 수수께끼로 남아 있다. 그것은 레옹이라는 인물과 관련된 것이다. 레옹은 검은 재킷, 밀짚모자, 줄무늬 셔츠 등으로 깔끔하고 기품 있는 옷차림새를 하고 있지만, 얼굴의 표정은 왠지

11 George H. Hamilton, *Manet and His Critics* (Yale University Press, 1954), 134쪽.

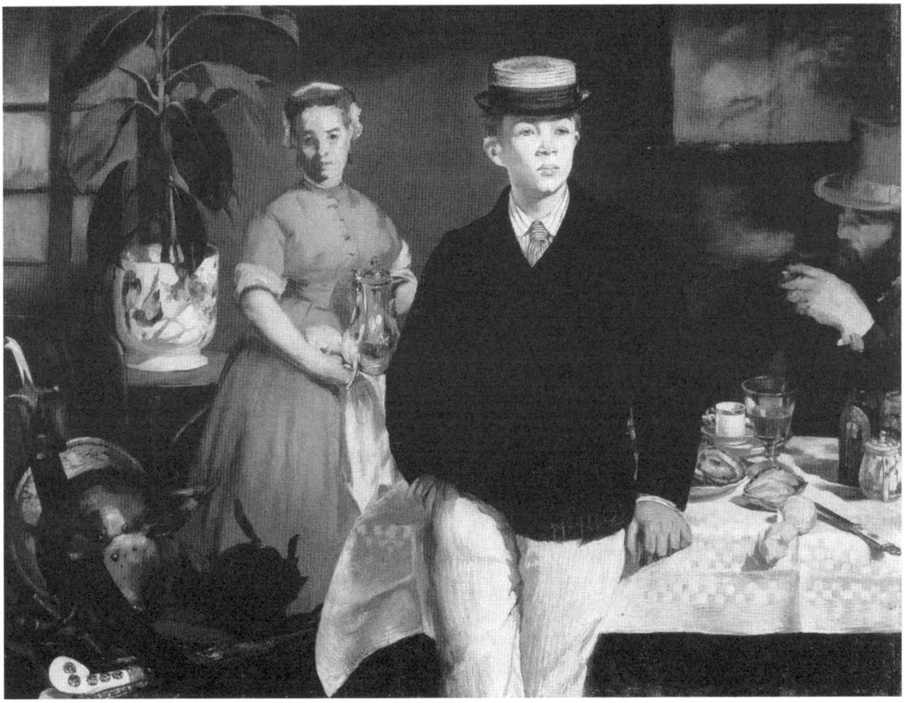

마네, 〈아틀리에에서의 점심〉(1968)

어둡고 생기가 없으며 음울하다. 그의 얼굴이 자신감 있어 보이는 그의 옷차림과 조화를 이루고 있지 못하다.

그러므로 이 그림을 둘러싼 의문은 크게 두 가지로 요약될 수 있다. 점심 식사 장면에 투구가 등장한 것, 그리고 깔끔한 옷차림과 생기 없고 음울한 얼굴 표정이 부조화를 이룬다는 점이다. 스탤네이커Nan Stalnaker는 이러한 의문이 마네의 의도에 대한 해명을 통해 밝혀질 수 있다고 본다.[12] 그는 이 그림을 그린 마네의 의도를 밝히기 위해 마네의 전기에 주목한다.

전통적으로는 마네가 레옹의 친아버지라고 여겨져왔다. 그런데 이에 반대되는 증거가 제시되고 있다.[13] 이 증거에 따르면 레옹은 마네의 아들이 아니라 그의 아버지 오귀스트 마네의 아들이라는 것이다. 1851년 당시 스물한 살이던 수잔은 열아홉 살이던 마네와 그의 남동생들의 피아노 교사였다. 그런데 수잔의 아기가 탄생하기 몇 달 전에 마네는 어머니에게 자신이 아기의 아버지라고 말한다. 만일 마네가 아기의 아버지가 아니라면, 왜 그는 어머니에게 거짓말을 한 것일까? 스탤네이커는 그 동기를 다음과 같이 추측한다. 마네의 아버지는 지방 판사였기 때문에 직업상 좋은 이미지를 지니고 있어야 했다. 그러므로 마네의 거짓말은 아버지의 공적인 이미지를 보호하는 데 필요했을 것이며, 동시에 수잔과 아기의 생활비를 마네의 어머니로부터 의심 없이 얻어내는 데도 도움이 되었을 것이다. 이러한 전기적 사실과 추측에 근거해서 스탤네이커는 그

12 Nan Stalnaker, "Intention and Interpretation", *The Journal of Aesthetics and Art Criticism 54* (1996), 121-134쪽.

13 Mina Curtiss, "Letters of Edouard Manet to his Wife during the Siege of Paris: 1870~1871", *Apollo 113* (1981), 379쪽.

림을 둘러싼 의문에 대하여 다음과 같은 답변을 한다.

우선 레옹의 말쑥한 옷차림과 음울한 얼굴의 대비는, 겉으로는 평온한 가정에서 사는 듯한 레옹이 출생에서 슬픔을 안고 있음을 보여주는 것이다. 그렇지만 마네는 레옹의 출생의 비밀을 공공연히 드러낼 수 없었고 또 드러내어서도 안 되었다. 여기서 투구와 갑옷이 등장한다. 마네는 투구와 갑옷을 통해 가족의 비밀이 밖으로 새어나가 자신의 가정이 붕괴되는 것을 막으려는 의지를 보여준다. 낭만적 기사도 정신의 상징이기도 한 칼과 투구가 여기서는 가정을 지키려는 마네 자신의 의지의 상징으로 읽힐 수 있는 것이다. 이 그림에서 마네는 레옹의 슬픈 이면을 암시적으로 드러내면서도 그것이 공적으로 표출되는 것은 막으려는 의도를 보여주고 있다.

형식

그런데 정말 마네가 그런 의도로 〈아틀리에에서의 점심〉이라는 그림을 그렸을까? 스텔네이커가 언급한 마네의 의도는 과도한 추측이 아닌가? 저자의 의도를 어떻게 알 수 있을까?

저자의 의도를 파악하는 가장 좋은 방법은 저자에게 직접 물어보는 것이다. "무슨 의도로 이 그림을 그리셨나요?" "글쎄요. 뭐라 말해야 할지……." 이런 답이 돌아오면 당혹스럽다. 친절한 저자도 있다. "어릴 적 조개무지 가득한 반짝이는 해변에서의 기억을 코발트블루로 옮긴 것입니다." 그런데 그림을 보니 고개가 절로 갸우뚱거린다. 해변은 자취조차 없다. "코발트블루로 추상한 것이라 할 수 있습니다." 그냥 청색 벽지와 다름없는데. 차마 말은 못하지만 미심쩍기 그지없다.

저자가 의도 없이 그림을 그릴 수도 있고, 의도가 있었다 하더라도 그 의도가 그림에 잘 반영되지 못할 수도 있다. 그러므로 저자에게 직접 의도를 물어보는 것이 능사는 아니다. 더욱이, 저자가 생존하지 않는 경우는 직접 소통이 불가능하다. 간접 소통에는 어떤 방법이 있을까. 스텔네이커가 했듯이, 저자와 연관된 여러 자료를 뒤지는 일이다. 저자의 서신, 일기, 메모, 일대기가 자료가 될 수 있다. 그러한 자료를 바탕으로 작가가 어떤 작품을 만들 때 어떤 의도를 지녔는가를 이끌어낼 수 있다. 그런데 이렇게 이끌어낸 의도도 작가의 원래 의도라기보다는 비평가가 추측한 작가의 의도이다. 직접이든 간접이든 작가의 의도에 다가가는 길은 여전히 모호하다. 그 길이 모호하다면 작품의 의미 또한 모호해질 수밖에 없다.

이러한 모호함으로 인해 의도주의는 20세기의 여러 이론들에 의해 비판받는다. 러시아 형식주의는 작품의 자율적 본성을 강조하면서, 작품은 저자의 삶에 대한 반영도, 그렇다고 그 작품이 창조된 역사적, 문화적 토양의 산물도 아니라고 주장했다.[14] 미국에서 융성한 신비평도 의도주의를 비판하는 데 합류했다. 그리고 바르트, 푸코Michel Foucault, 데리다 같은 후기 구조주의자들도 저자의 의도를 부인하는 데서 한 걸음 더 나아가 저자의 죽음을 선언하기까지 했다.

이러한 이론들이 모두 의도가 작품 의미의 결정권자라는 점을 공격하기는 하지만, 공격의 방식은 몇 가지로 나뉜다. 그중 하나는 저자의 의도 대신 작품 자체의 형식적 구조가 작품의 의미를 결정한다는 형식주의의 입장이다. 이번 장에서는 형식주의의 입장을 비어즐리의 신비평 이론을 통해 살펴보도록 하겠다.[15]

14 다음 글을 참고하라. Mina Curtiss, "Russian Formalism", *The Johns Hopkins Guide to Literary Theory and Criticism*, Michael Groden & Martin Kreiswirth (eds.) (The Johns Hopkins University Press, 1994), 634-638쪽.

15 신비평의 일반적 입장에 대해서는 다음 글을 참고하기 바란다. Mina Curtiss, "New Criticism", *The Johns Hopkins Guide to Literary, Theory and Criticism*, 528-529쪽; Vincent Leitch, *American Literary Criticism: From the Thirties to the Eighties* (Columbia University Press, 1988), 26-27쪽. Leitch의 신비평에 대한 기술은 Clean Brooks가

비어즐리는 작품의 의미가 저자의 의도에 의해 결정된다는 허시의 주장이 작품이 의미하는 바와 저자가 의미하는 바를 동일시하는 오류를 범한다고 보았다. 허시의 주장이 오류인 까닭은 다음과 같은 세 가지 근거에 있다.[16]

첫째, 저자의 매개가 없는 작품의 의미가 존재한다. 비어즐리가 제시하는 예는 식자상의 오류로 저자의 원래 원고와 다르게 인쇄된 작품이다. 예전에는 저자가 손으로 쓴 원고를 식자공이 조판하여 인쇄했다. 그런데 손으로 휘갈겨 쓴 저자의 원고를 식자공이 잘못 조판하여 '작열하는 땡볕에 해초마저 퍼덕거렸다'가 '작열하는 땡볕에 헤조마저 퍼덕거렸다'라는 구절로 바뀌었다고 가정해보자. 비어즐리는 이 경우에도 작품의 의미는 존재하며 그 의미는 저자의 매개 없이 이루어졌다고 생각한다.

비어즐리가 드는 또 하나의 예는 컴퓨터가 창작한 시이다. 사용자가 컴퓨터의 시 창작 프로그램에 몇 단어를 입력하면 컴퓨터가 그 단어들을 적절히 조합하고 활용하여 시를 쓴다고 가정하자. 그 시는 의미를 지니는 시일 수 있지만 여기에 저자의 의도는 들어 있지 않다. 사용자의 의

Princeton Encyclopedia of Poetry and Poetics (Princeton University Press, 1974)에 쓴 "New Criticism"이란 항목을 요약한 것이다.

16 Monroe Beardsley, *The Possibility of Criticism* (Wayne State University Press, 1970), 18-20쪽. 우리가 이미 살펴보았듯이 허시는 비평의 대상과 해석의 대상을 구분한다. 그러나 비어즐리에게서 비평의 대상은 해석 더하기 평가의 대상이다. 그러므로 해석의 대상이나 평가의 대상은 모두 비평의 대상이지만, 비평의 대상이 모두 해석의 대상은 아니며 평가의 대상일 수도 있다. 즉, 비평에 대한 모든 논의가 해석에 대한 논의에 직접적으로 적용될 수 있는 것은 아니며, 평가에 대한 논의와 관련을 맺을 수도 있다. 그러나 해석과 평가가 밀접히 연관되어 있고 상호 의존적이라는 사실을 고려한다면, 비평의 대상 중 평가와 관련이 있는 부분도 해석에 대한 논의에 적용할 수 있음을 알 수 있다. 그러므로 이 글에서는 허시의 경우를 제외하고는 비평에 대한 논의를 해석에 대한 논의에도 적용하도록 하겠다. 실제로 비어즐리는 '비평'과 '해석'을 구분 없이 사용했다. 좀 더 상세한 것은 비어즐리의 *The Possibility of Criticism*을 참고하기 바란다.

도나 컴퓨터의 의도를 저자의 의도로 간주하기는 어렵다. 사용자가 어떤 의도를 지니고 특정 단어들을 입력하더라도, 그 의도가 시 창작 프로그램의 자의적 조합과 활용을 통해 계속 유지되기는 힘들다. 그리고 컴퓨터 프로그램이 의도를 지닌 시를 쓴다고 보기도 힘들다. 따라서 컴퓨터 시의 경우도 저자의 매개 없이 작품이 의미를 지니는 예가 될 수 있는 것이다.

둘째, 저자의 사후에 작품의 의미가 변할 수도 있다. 단어는 시간이 지남에 따라 그 의미가 변할 수 있고, 이러한 변화는 단어로 구성된 문학 작품의 의미까지도 변화시킨다. 비어즐리는 아켄사이드Mark Akenside의 〈상상의 즐거움The Pleasures of Imagination〉이라는 시를 예로 든다. 이 작품에 등장하는 'plastic arm'이라는 말이 저자가 그 작품을 썼을 당시인 1744년과 달리 20세기에는 새로운 의미를 얻게 되었고, 그 결과 작품 전체의 의미도 시기에 따라 다르다는 것이다.

실제로 '플라스틱plastic'이라는 말은 처음에는 '유연한'이라는 의미를 지녔다. 이후에 새로운 소재가 개발되었다. 여러 가지로 유연하게 탈바꿈할 수 있는 소재였다. 이 소재로 바가지를 만들 수도 있고, 접시를 만들 수도 있고, 방망이를 만들 수도 있다. 이 유연한 소재에 이름이 필요했다. 그래서 '유연한'이라는 의미를 지닌 '플라스틱'이라는 단어를 이 소재의 이름으로 정한다. 플라스틱이라는 이름을 지닌 이 소재가 널리 사용되자 플라스틱 하면 '유연한'을 떠올리기보다는 이 소재 자체를 떠올리게 되었다. 인공 합성 소재가 주인공이 되면서 플라스틱은 인공 합성적 또는 인공적이라는 새로운 의미를 주요 의미로 지니게 된 것이다. 따라서 'plastic arm'이라는 단어는 18세기에는 유연한 손이라는 의미를 지니다가 20세기 들어서는 인공적 손, 즉 의수라는 의미를 지니게 된다. 그리고 플라스틱 소재의 부정적 측면이 부각되면서 플라스틱에 대한 환호는 거부로 바뀌게 되었다.

제 손으로 만들지 않고
한꺼번에 싸게 사서
마구 쓰다가 망가지면 내다 버리는
플라스틱 물건처럼 느껴질 때
나는 당장 버스에서 뛰어내리고 싶다
현대 아파트가 들어서며
홍은동 사거리에서 사라진
털보네 대장간을 찾아가고 싶다
풀무질로 이글거리는 불 속에
시우쇠처럼 나를 달구고
모루 위에서 벼리고
숫돌에 갈아
시퍼런 무쇠 낫으로 바꾸고 싶다
땀 흘리며 두들겨 하나씩 만들어낸
꼬부랑 호미가 되어
소나무 자루에서 송진을 흘리면서
대장간 벽에 걸리고 싶다
지금까지 살아온 인생이
온통 부끄러워지고
직지사 해우소
아득한 나락으로 떨어져 내리는

똥덩이처럼 느껴질 때
나는 가던 길을 멈추고 문득
어딘가 걸려 있고 싶다

- 김광규, 〈대장간의 유혹〉(1988)

이리하여 플라스틱은 '유연한'에서 시작해 '인공적'을 거쳐 이제 '소모적인', '일회용품적인' 등의 의미를 지니게 된다. 그렇게 의미가 변화하는 단어들로 이루어진 작품 또한 애초의 저자의 의도와는 상관 없이 의미의 변화를 겪으며 새로운 의미를 띤다.

셋째, 저자가 의식하지 않은 의미를, 그리하여 저자가 의도하지 않았던 의미를 작품이 지닐 수 있다. 시는 여러 가지 의미들을 함축하고 있는데, 그 의미들 모두를 저자가 의식하고 있었다고 보기는 힘들다.

다소 겹치기도 하는 듯한 이러한 논증을 통해 비어즐리는 작품이 의미하는 바와 저자가 의미하는 바는 별개일 수 있음을, 그 결과 작품의 의미가 저자의 의도에 의해 결정된다는 허시의 주장은 오류임을 역설한다. 저자의 의도를 통해 작품의 의미를 파악하려는 시도는 의도주의 오류intentional fallacy를 범한다는 것이다. 이와 비슷한 맥락에서 비어즐리는 독자의 반응이 작품의 의미를 구성한다고 보는 관점도 정감주의 오류affective fallacy를 범하는 것이라고 비판했다. 그러므로 비어즐리에게서는 작품의 의미가 그 작품의 기원(저자)에 있는 것도, 작품의 종착지(독자)에 있는 것도 아니다. 작품의 의미는 작품 외부인 저자나 독자에게 있는 것이 아니라 작품 그 자체에 있다. 그리고 작품 자체는 언어로 이루어져 있으며, 언어는 언어의 관습적 규범에 의해 그 의미가 결정된다. 그러므로 작품의 의미는 작품 속에서 상호 작용하는 단어들이 언어의 규범에 의해 결정됨으로써 나타난다.

하지만 허시의 “My car ran out of gas”라는 예에서 볼 수 있듯, 언어적 규범만으로는 문장이나 작품의 의미가 결정될 수 없지 않은가? 이러한 의문에 대해 비어즐리는 작품의 형식적 구조를 언어 규범을 통해 들여다보는 경우에 다양한 의미가 발생할 수 있음을 인정한다. 하나로 결정될 수 없는 모호한 상태가 가능함을 인정한 것이다.

그렇지만 비어즐리가 취한 해결책은 허시와는 다르다. 허시는 이 모호함이 저자의 의도를 통해 해소될 수 있다고 보았다. 그렇지만 비어즐리는 모호함이 발생할 경우 작품의 형식적 구조를 신중하고 자세하게 들여다볼 것을 권유한다. 정독과 숙독을 통해 모호함을 해소할 것을 권유하는 것이다. 그러나 허시의 “My car ran out of gas”라는 예는 숙독이나 정독만으로는 해소될 수 없는 모호함을 보여준다.

첫 번째 해결책이 실패할 경우, 비어즐리는 두 번째 해결책을 제시한다. 이번에는 비어즐리도 허시처럼 저자에게 갈 필요성을 역설한다. 그러나 그는 저자에게 가서 그의 의도가 무엇인지를 물어보는 것이 해결책이라고 보지 않는다. 비어즐리는 형식적 구조를 세밀하게 들여다보았는데도 작품의 의미가 모호하게 나타난다면, 그 작품의 형식적 구조가 완성도를 결여하고 있다고 본다. 작품은 작품 그 자체의 형식적 구조에 의해 단일한 의미가 결정되도록 이루어져야 한다. 그렇기 때문에 작품의 의미가 모호하게 나타난다면 그것은 작품을 쓴 저자의 잘못이다. 그럴 경우 작가는 작품을 다시 써야 한다. 작품은 잘 빚어진 항아리로 거듭나야 하는 것이다.

지금까지 살펴본 것처럼, 비어즐리에게 작품은 그 의미를 언어적 형식 구조를 통해 드러내는 것이며, 따라서 해석의 목적은 그러한 형식 구조에 언어 규범을 적용하여 작품의 의미를 파악하는 것이다. 이 형식주의 해석 방법은 의도주의 해석 방법과 함께 전통적으로 가장 널리 통용되던 방법이었다. 의도주의와 마찬가지로 형식주의도 예술의 각 영역에 광범위하게 적용되었다. 여기서는 적용의 한 예를 세잔의 〈과일 쟁반, 유리잔, 사과Compotier, Verre et Pommes〉(1880)에 대한 프라이Roger Fry의 형식주의적 해석을 통해 살펴보도록 하겠다.

프라이는 우리가 미술 작품을 해석할 때 주목해야 할 형식적 요소를 선, 양감, 공간, 명암, 색채 등 다섯 가지로 열거했다.[17] 이 다섯 가지 요소를 어떻게 사용하고 결합하느냐에 따라 작품의 의미가 다르게 결정된다는 것이다. 그러므로 프라이에 따르면 미술에서 형식주의 해석을 할 때는 이 다섯 요소에 주목하여 작품의 의미를 읽어내야 한다. 프라이는 자신의 이러한 이론을 세잔의 〈과일 쟁반, 유리잔, 사과〉에 직접 적용했다.[18] 다음은 프라이가 내놓은 해석이다.

우선 세잔의 그림에서 과일 쟁반, 유리잔, 사과 등은 동그란 원의 형태가 아니라 찌그러진 타원의 형태를 띠고 있다. 프라이에 따르면, 이러한 변형은 대상들로부터 우아함이나 호리호리함을 빼앗아간 대신 마치 중력이 옆에서 잡아당기고 있는 듯한 효과를 줌으로써 구球가 지니고 있는 중량감과 부피감을 더해준다. 둘째, 그림 오른쪽 아랫부분의 흰 천과 칼은 테이블의 경계선을 넘어서까지 직선으로 연장되어 있다. 테이블의 경계를 넘어서면 천이 밑으로 접혀 내려와야 하는데 이 그림에서는 계속

17 Roger Fry, "An Essay in Aesthetics", Twentieth Century Theories of Art, James M. Thompson (ed.) (Carleton University Press, 1990), 69-70쪽.

18 Roger Fry, Cezanne: A Study of His Development(The University of Chicago Press, 1989), 40-47쪽.

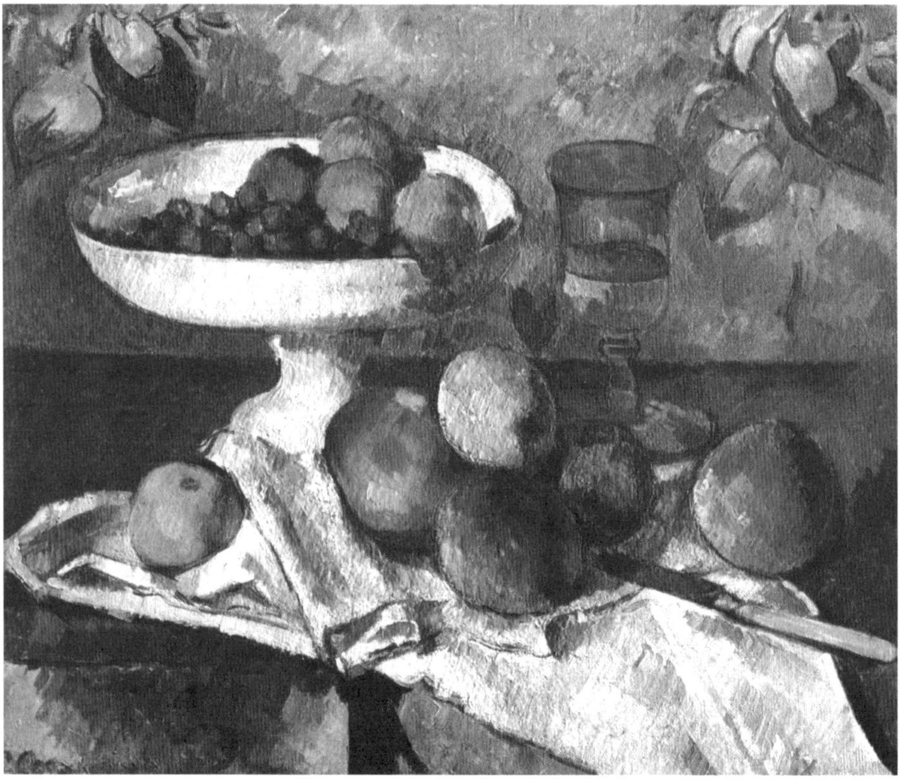

세잔, 〈과일 쟁반, 유리잔, 사과〉(1880)

공중을 향해 평행으로 뻗어 나가고 있다. 프라이에 따르면, 유리잔, 과일 쟁반, 사과 등이 놓여 있는 천이 직선으로 계속 뻗어 나감으로써 타원형으로 그려진 대상들의 중량감과 부피감이 훨씬 더 배가된다. 셋째, 물감은 큰 붓으로 길게 칠해져 있지 않고, 작은 붓으로 짧게 칠해져 있다. 붓질은 일정한 기울기를 지닌 사선 형태로 반복되면서 서로 평행을 이루며, 그려진 대상들의 경계를 넘어 그림 전체로 확장되고 있다. 프라이에 따르면, 이러한 색칠은 대상을 생동감 있고 풍부하게 만들어준다.

이러한 프라이의 해석은 세잔이 인상주의의 단점인 입체감의 상실과 어수선한 윤곽에 입체감과 질서를 부여했다는 평가를 이해하는 데 도움을 준다. 인상주의는 점멸하는 색채 효과를 통해 빛의 작용에 따라 변화하는 생동감 있는 대상을 보여주려고 했다. 인상주의는 이러한 목적을 달성하는 데는 성공했지만, 그 대가로 화면이 사뭇 어수선해지고 3차원적 깊이가 사라져버렸다. 세잔은 인상주의가 빛의 효과를 통해 살린 생동감을 연속적인 작은 붓질을 통해 살리면서도, 붓질을 기울어진 평행으로 규칙적으로 함으로써 그림에 질서를 부여하는 데 성공했다. 아울러, 찌그러진 타원형의 대상과 수평으로 내뻗는 흰 천을 통해 입체감을 살리는 데도 성공했다. 그러므로 우리는 프라이의 형식주의 해석을 통해 세잔이 어떻게 인상주의의 장점을 계승하면서 동시에 단점을 보완했는가를, 그리하여 왜 후기 인상주의자로 불리는가를 이해하는 데 도움을 받을 수 있다.

죽음 그리고 차연

의도주의는 저자의 의도를, 형식주의는 작품의 형식적 구조를 작 품의 의미를 결정하는 토대로 삼는다. 그리고 상대편의 토대를 비판하면서 자기 토대의 정당성을 옹호해나간다. 의도주의와 형식주의의 논쟁을 거치면서 저자의 의도와 작품의 형식적 구조는 작품의 의미를 결정하는 양대 축으로 군림한다. 그런데 후기 구조주의가 등장하면서 상황이 변하게 된다. 후기 구조주의는 양대 축 모두를 공격하는 것이다.

저자의 죽음

사흘이 지났다. 알바로의 총알 몇 발이 바리케이드를 뚫고 창고 안으로 들어오기도 했고 그에 격분한 군인들이 창밖으로 돌멩이를 던져 어느 십장의 정강이를 맞추기도 하였지만, 양쪽 모두 오랜 대치에 지쳐 있었다. 안에 갇혀 있는 조선인들에겐 무엇보다 갈증에 시달리는 것이 가장 큰 문제였다. 군인들은 이탈자가 생기지 않도록 사람들을 독려하였지만, 벌써 몇몇은 헛것이 보인다며 손을 내젓고 있었다. 서로에 대한 짜증으로 대오는 서서히 허물어지고 있었다. 햇볕은 무정하게 뜨거워 석회석 벽돌로 지어진 창고 안은 섭씨 40도를 넘을 정도로 뜨거웠다. 탈수증세가 시작되어 몇몇은 벌써 심각한 지경이었다. 알바로는 밖에서 시원한 물을 퍼마시며 약을 올렸다. 항복해야 하는 건가? 구석의 농민들은 벌써 제 옷을 찢고 있었다. 무얼 하냐고 물으니 대답이 없다. 조장윤이 재차 물으니 통명스런 말투로 백기를 만들고 있노라고 말했다.

그때 누군가가 조용히 하라고 외쳤다. 모두들 말을 멈추었다. 쿠쿠쿵. 천둥소리였다. 그러더니 후드득후드득, 빗방울이 듣기 시작했다. 유카탄에서는 여간해서 보기 힘든 폭우였다. 폭우는 거의 양동이로 쏟아붓기라도 하는 것처럼 퍼부어댔다. 창고 안에서는 환호성이 울려 퍼졌다. 무등을 탄 남자들이 대들보에 올라가 지붕을 뜯어냈다. 뻥 뚫린 구멍으로 비가 쏟아져 내렸다. 이정은 그 비를 맞으며 비가 내리던 날의 밀회를, 김이 모락모락 오르던 연수의 몸을 생각하고 있었다. 누군가는 조선의 장마를, 또 누군가는 비 내리던 날의 참외 서리를, 또 누군가는 어머니를 생각했다. 모두 유카탄에서는 만날 수 없는 것들이었다.[19]

전지적 시점의 소설이다. 저자는 모든 것을 다 안다. 주인공이 처한 상황도 파악하고, 등장인물들의 심리도 꿰뚫고, 벌어지는 사건의 추이에도 정통하다. 이런 소설을 만나면 의도주의는 날개를 단다. 저자의 의도가 작품의 의미를 이해하는 데 큰 역할을 하기 때문이다. 전지전능한 저자는 작품 속을 종횡무진 누비며 의미를 주재한다. 그런데 다음과 같은 작품과 마주하면 어떨까.

19 김영하, 《검은 꽃》(문학동네, 2010), 233-234쪽.

1

나는거울없는실내에있다. 거울속의나는역시외출중이다. 나는지금거울속의나를무서워하며떨고있다. 거울속의나는어디가서나를어떻게하려는음모를하는중일까.

2

죄를품고식은침상에서잤다. 확실한내꿈에나는결석하였고의족을담은군용장화가내꿈의백지를더럽혀놓았다.

3

나는거울속에있는실내로몰래들어간다. 나를거울에서해방하려고, 그러나거울속의나는침울한얼굴로동시에꼭들어온다. 거울속의나는내게미안한뜻을전한다. 내가그때문에영어되어있듯이그도나때문에영어되어떨고있다.

4

내가결석한나의꿈. 내위조가등장하지않는내거울. 무능이라도좋은나의고독의갈망자다. 나는드디어거울속의나에게자살을권유하기로결심하였다. 나는그에게시야도없는들창을가리키었다. 그들창은자살만을위한들창이다. 그러나내가자살하지아니하면그가자살할수없음을그는내게가르친다. 거울속의나는불사조에가깝다.

5

내왼편가슴심장의위치를방탄금속으로엄폐하고나는거울속의내왼편가슴을겨누어권총을발사하였다. 탄환은그의왼편가슴을통과하였으나그의심장은바른편에있다.

6

모형심장에서붉은잉크가엎질러졌다. 내가지각한내꿈에서나는극형을받았다. 내꿈을지배하는자는내가아니다. 악수할수조차없는두사람을봉쇄한거

대한죄가있다.[20]

무슨 이야기를 하는 것인지, 저자의 의도는 무엇인지, 무의식 속을 절름거리는 작품 속에 저자의 의식적 의도가 존재하기는 한 건지, 바르트는 이러한 작품 앞에서 저자의 죽음을 선언했다. 그런데 이 선언에서 저자란 글쓴이를 의미하는 것이 아니며, 죽음도 생물적 죽음을 의미하는 것이 아니다. 글쓴이 없는 작품은 있을 수 없을 것이며, 생물적인 죽음을 넘어서는 저자도 존재할 수 없을 것이다. 해방을 위한 선언이 겨냥하는 바는 이러한 상식적 사실이 아니었다. 바르트가 겨냥한 바는 저자에게 부여되어 상식처럼 받아들여지던 권한이었다. 풀어 말해, 바르트에 의해 죽음이 선언된 저자는 작품의 의미를 주관하고 결정하는 권한을 지닌 개인으로서의 저자다. 바르트가 사망 선고를 내린 저자는 생물인 이상 어차피 죽을 수밖에 없는 글쓴이가 아니라 작품이 지닌 의미에 대한 주관자이자 결정자로서의 권한이 부여된 개인인 것이다.

작품의 의미에 대한 주관자이자 결정자로서의 권한이 글을 쓰는 이에게 부여되어 저자라는 용어가 탄생한 것은 근대에 이르러서이다. 고대의 호메로스는 신의 목소리의 대행자였다. 모세는 더할 나위도 없었다. 그들은 저자라기보다는 샤먼이었다. 그들이 어떤 작품을 쓰든 그 의미의 주관자는 신이었고, 자신들은 대행자요 전달자였다. 근대에 들어 자본주의와 개인주의의 발흥은 작품의 물적 소유권뿐만 아니라 작품의 의미 결정권을 지닌 자로서의 저자를 탄생시킨다. 네하마스Alexander Nehamas는 작품 의미의 주관자이자 결정자로서의 저자라는 개념은 1651년에 쓰인

20 이상, 〈오감도〉 제15호(1934).

홉스Thomas Hobbes의 《리바이어던*The Leviathan*》에서 비롯되었다고 주장한다.[21] 홉스는 저자와 배우actor를 구분하여 저자는 스스로의 말이나 행동을 스스로가 소유하는 사람으로, 배우는 스스로의 말이나 행동을 스스로가 소유하지 못하고 다른 사람 소유의 말이나 행동을 계약에 의해 대행하는 사람으로 설명했다. 그러므로 배우는 저자가 원하고 명하는 것만을 할 수 있을 뿐이며 궁극적인 결정권과 책임은 저자에게 있다. 이로써 궁극적인 결정권을 가지고 있는 개인으로서의 저자 개념이 등장한다. 이제 작품의 글쓴이는 더 이상 전달자나 대행자가 아니라 저자로서 그 작품의 의미에 대한 주관권과 결정권을 지닌다.

이러한 의미에서의 저자는 탄생 이후 죽지 않는 개인으로, 초시간적 개인으로 군림한다. 글쓴이는 죽지만 저자는 살아남아 시대와 역사를 초월하여 자신이 쓴 작품의 의미를 주관하고 결정하는 초시간적 권한을 행사한다. 따라서 의도주의가 표방하듯이 저자는 탄생 이후 작품을 지배하는 존재로 간주되고, 해석의 목적은 저자가 말하거나 의미하는 바를 발견하는 것이 된다. 바르트는 저자의 개념이 탄생한 이후의 위와 같은 현상을 다음과 같이 말한다.

21 Alexander Nehamas, "Writer, Text, Work, Author", *Literature and the Questions of Philosophy*, Anthony J. Cascardi (ed.) (The Johns Hopkins University Press, 1987), 267-291쪽. 바르트와 푸코도 저자가 근대 사회의 산물임을 주장한다. 바르트는 영국 경험주의, 프랑스 합리주의, 그리고 종교 개혁과 더불어 인간 개인의 역할이 증대되면서 저자의 개념이 탄생했다고 주장했다. 푸코는 18세기 이후로 저자가 소설의 주재자로서의 역할, 즉 개인주의와 사유 재산이 발달한 산업화된 부르주아 사회인 우리 시대에 걸맞은 역할을 수행하게 되었다고 주장했다. Roland Barthes, "The Death Of The Author", *Image-Music-Text*, Stephen Heath (trans.) (The Noonday Press, 1988); Michel Foucault, "What Is An Author?", *The Foucault Reader*, Paul Rainbow (ed.) (Pantheon Books, 1984).

> 작품에 저자를 제공하는 것은 그 작품에 한계를 부과하는 것이며, 그 작품에 최종적인 기의signified를 제공하는 것이며, 글쓰기를 종결 짓는 것이다. 그러한 개념은 비평에 매우 잘 부합한다. …… 저자가 발견되었을 때 작품은 '설명'된다 — 비평가의 승리다.[22]

그러나 바르트에 따르면, 작품을 지배해왔던 저자의 권력은 말라르메Stéphane Mallarmé부터 발레리Paul Valéry와 프루스트Marcel Proust를 거쳐 초현실주의자들에 이르는 과정을 통해 약화되었고 마침내 소멸되었다. 바르트는 말라르메를 작품에서 저자를 제거시킨 선구자로 간주한다. 말라르메에게서 작품의 결정자는 저자에서 언어 그 자체로 대체된다. 말라르메에 이어 발레리는 "문학의 본질적으로 언어적인 조건을 강화했으며, 그에게는 그러한 언어적 조건에 반하여 작가의 내부에 호소하는 모든 것이 단순한 미신으로 보였다".[23] 그리고 프루스트는 이러한 움직임을 계승하여 "작가와 그의 작중 인물들 사이의 관계를……가차 없이 희미하게 해놓았으며", "서술자를 보았고 느꼈던 그도 아니고 심지어는 글을 쓰고 있는 그도 아닌 글을 쓰려고 하는 그로 만들어놓았다".[24] 마지막으로 초현실주의자들은 의미에 대한 예상을 돌연히 좌절시키고, 자동기술법을 사용하고, 공동 창작을 받아들이고 함으로써 "저자의 이미지를 탈신성화하는 데 기여했다".[25] 저자 권능의 이러한 약화 과정은 마침내 권능의 소멸로 이어졌고, 이러한 맥락에서 바르트는 저자의 죽음을 선언했다. 따

22 Barthes, *Image-Music-Text*, 143쪽.

23 *Image-Music-Text*, 144쪽.

24 *Image-Music-Text*, 144쪽.

25 *Image-Music-Text*, 144쪽.

라서 저자의 죽음이란 작품 의미의 주재자이자 결정자로서 초시간적으로 발휘되던 저자의 권능이 소멸되었음을 의미하는 것이다.

저자의 죽음은 이제 작품을 변형시킨다. 바르트에 따르면, 저자가 사라진 후 작품에 남은 것은 언어이다. 작품에서 "말하는 것은 언어이지 저자가 아니며, 글쓰기는 …… 오직 언어만이 작용하고 '활동하는' 지점에 도달하는 것이다".[26]

저자를 언어로 대치한 바르트의 이러한 시도는 의도주의를 공격하면서 언어의 형식적 구조에 주목한 신비평과 궤를 같이하는 듯이 보이지만 그 목적지는 다른 곳에 있다. 신비평은 작품의 올바른 해석을 보장하기 위하여 저자를 언어로 대치한 반면, 바르트는 작품을 어떤 권위적 통제나 해석적 경계로부터 해방시키기 위해 저자를 언어로 대치했다. 신비평이나 구조주의와는 달리, 바르트에게서 작품 속에 있는 언어는 어떤 구조나 규범에 의해 통일되거나 체계화되는 것이 아니라 다의적으로 변화한다. 작품은 "지금 여기서 끊임없이 쓰인다".[27] 바르트는 다음과 같이 이야기한다.

> 작품은 단일한 '신학적' 의미 (신적인 저자의 '메시지')를 풀어놓는 일련의 단어들이 아니라 그 어느 것도 원조가 아닌 다양한 글쓰기들이 뒤섞이고 맞부딪치는 다층적 공간이다. 작품은 문화의 무수한 중심들로부터 이끌린 일련의 인용들이다. …… 글쓰기는 의미를 끊임없이 증발시키기 위해 의미를 끊임없

26 *Image-Music-Text*, 143쪽.

27 *Image-Music-Text*, 145쪽.

이 설정한다.[28]

그러므로 바르트에게서 작품의 의미가 다원적이라고 했을 때, 다원적이라는 것은 몇몇 의미를 지닌다는 뜻이 아니라 환원될 수 없이 무수한 의미를 지닌다는 뜻이다. 이러한 맥락에서 작품은 종국적으로 소비되는 것이 아니라 종국 없이 생산되고 연주된다. 그리고 이러한 생산과 연주의 장소가 바로 독자이다. "독자는 글쓰기를 구성하는 모든 인용들이 그 어느 하나도 손실됨이 없이 새겨지는 공간이다."[29] 바르트에게서 저자의 죽음이 독자의 탄생으로 이어진 것이다. 이제 독자는 단지 한 번만 작품을 쓴다고 간주되었던 저자와는 달리 무수히 많은 작품의 의미를 생산하고 연주해내는 역할을 맡게 된다. 따라서,

> 작품을 해석한다는 것은 작품에 하나의 의미를 제공하는 것이 아니라, 그 반대로 어떤 다의적 의미들이 작품을 구성하는지를 감상하는 것이다. …… 우리는 몇몇 문들을 통해 작품에 접근하지만, 그 어느 것도 정문이라고 권위적으로 선언될 수 없다. 작품이 가동시키는 부호들은 눈이 미칠 수 있는 한까지 뻗어 나가며, 그 부호들은 불확정적이다.[30]

바르트는 다의적 의미의 생산자로서의 독자의 해석 작업을 쓰는 읽기writerly reading라고 부르면서 고정된 의미의 소비자로서의 독자의 해석

28 *Image-Music-Text*, 146-147쪽.

29 *Image-Music-Text*, 148쪽.

30 Roland Barthes, *S/Z: An Essay*, Richard Miller (trans.) (The Noonday Press, 1974), 5-6쪽.

작업인 읽는 읽기readerly reading보다 우위에 두었다.[31] 그리고 읽는 읽기는 즐거움pleasure을 주지만 쓰는 읽기는 환희ecstasy를 준다고 말했다. 그의 말을 들어보자.

> 즐거움의 작품: 행복감을 담아서, 채우고, 전하는 작품; 문화로부터 비롯되어 그 문화와 충돌하지 않고, 안락한 독서 활동과 연결된 작품.
>
> 환희의 작품: 상실감을 부여하는 작품, (아마도 조금은 지루함을 느낄 정도로) 마음을 불편케 하여, 독자의 역사적, 문화적, 심리적 전제들을, 독자의 취미, 가치, 기억의 일관성을 뒤흔들어, 독자의 언어에 대한 관계를 위기로 몰고 가는 작품.[32]

지금까지 살펴보았듯이, 바르트에게서 작품이란 저자의 의도나 언어의 형식적 구조 등에 의해 규제되어 단 하나의 의미가 존재하는 곳이 아니라 다의적이고 가변적인 의미가 뒤섞이고 맞부딪치는 곳이다. 그리고 해석자는 그러한 가변적이고 다의적인 의미들의 구성에 능동적으로 참여하여 쓰는 읽기의 환희를 누려야 한다.

31 *S/Z*, 4쪽.

32 Roland Barthes, *The Pleasure Of The Text*, Richard Miller (trans.) (Hill And Wang, 1975), 14쪽. 번역을 위해 다음의 한국어판을 참고했다. 《텍스트의 즐거움》, 김명복 옮김(연세대학교출판부, 1990), 15쪽.

차연

후기 구조주의는 바르트의 저자의 죽음을 통해 해석의 양대 축 중 하나였던 의도주의를 해체한다. 이제 남은 한 축은 형식주의이다. 형식주의는 언어의 형식적 구조가 작품의 의미를 결정한다고 주장한다. 그런데 데리다는 이러한 주장에 반대한다. 데리다의 주장을 '차연'이라는 그의 개념을 통해 살펴보자.

데리다는 의미의 토대나 근원에 대한 추구를 로고스 중심주의Logocentrism라고 비판한다. 로고스 중심주의는 근원, 진리, 현존에 대한 열망이다.[33] 로고스 중심주의는 진리의 근원을 로고스에 두고,[34] 이러한 근원을 현존하거나 실재하는 것으로 간주한다.[35] 예컨대, 데카르트의 코기토Cogito에서처럼 '나'는 생각이나 의심의 활동 속에서 나 스스로에게 현존하기 때문에 극단적 의심에서 벗어난다고 주장한다면 이러한 주장은 진리의 근원을 로고스, 즉 생각하고 의심하는 이성적인 존재인 '나'에 두고 그러한 '나'를 현존하거나 실재한다고 보는 셈이다. 데리다에 따르면, 데카르트의 경우에서뿐만 아니라 철학의 주된 전통은 진리를 보증하는 이성적 원칙이 존재하고, 이러한 원칙이 우리에게 현존하거나 실재한다고 보는 로고스 중심주의를 유지하고 있다.

로고스 중심주의의 기조는, 단어의 의미가 그 단어가 지칭하는 실재 대상에 의하여 결정된다는 식의 의미론에서도 유지된다. 이러한 의미론에 반대하여, 데리다는 단어의 의미는 그 단어가 속한 구조 속에서 다

33 Christopher Norris, *Deconstruction* (Methuen, 1982), 70쪽.

34 Jacques Derrida, *Of Grammatology*, G. Spivak (trans.) (The Johns Hopkins University Press, 1976), 3쪽.

35 *Of Grammatology*, 12쪽.

른 단어들과 구분되는 차이로부터 이끌어진다고 주장한다. 즉, 단어의 의미는 명확하고 독립적인 실체에 의해 산출되는 것이 아니라 언어 체계 안에서 다른 단어들과의 차이에 의해 산출된다. '미학'은 미학이라는 실재에 의해 그 의미가 결정되지 않는다. '미학'은 학문이라는 구조 내에서 '철학', '문학', '법학', '역사학', '사회학' 등 다른 학문들과의 차이에 의해 그 의미가 결정되는 것이다. 나'는 누구인가? 나라는 실재가 있어서 그 실재가 '나'의 정체성을 규정하는가? '나'를 내가 속한 구조 속에 놓아 보자. 학교라는 구조 — 나는 학생이다. 집이라는 구조 — 나는 막내이다. 성별이라는 구조 — 나는 남자이다. 군대라는 구조 — 나는 병장이다. 나의 정체성은 내가 속한 각각의 구조 속에서 그 구조에 있는 다른 요소들과의 차이를 통해 드러난다. 나라는 실재는 없다. 나를 알고 싶으면 내가 속한 구조를 넘어서지 마라. 그렇지만 그 구조 속에 가려지지도 마라. 구조 속에서 차이를 지니기, 그것이 곧 '나'의 의미이다. 데리다는 다음과 같이 말한다.

> 기호들의 체계는 단어들의 완전함에 의해서가 아니라 단어들 속에서의 차이들에 의해서만 구성된다. 의미의 성분들은 그 성분들의 핵이 지닌 응축된 힘에 의해 작용하는 것이 아니라 그러한 성분들을 구분 짓는, 그런 연후에 그 성분들을 서로서로 연결 짓는 대립자들의 그물망에 의해 작용한다. …… 언어 속에는, 언어의 체계 속에는 오직 차이들만이 존재한다.[36]

36 Jacques Derrida, *Margins Of Philosophy*, Alan Bass (trans.) (The University Of Chicago Press, 1982), 10-11쪽.

데리다의 의미에 관한 이러한 주장은 구조주의[37], 특히 소쉬르Ferdinand de Saussure의 언어학에 영향을 받았다. 데리다와 소쉬르 모두 의미는 언어 체계나 구조 안에서 이루어지는 다른 단어들과의 차이들에 의해 결정된다는 점에 동의한다.[38]

언술 행위la parole와 언어의 체계la langue를 구분하면서, 소쉬르는 언술 행위가 어떤 의미를 지니게끔 해주는 근저의 보편적 구조를 발견하려고 노력했다. 그런데 데리다는 소쉬르의 이러한 일반적 구조라는 개념을 비판했다. 데리다에 따르면, 일반적 구조라는 개념은 구조를 조직하고 통제하는 중심의 개념을 전제로 한다. 구조의 중심은 구조를 이루는 내용들, 성분들, 단어들이 구조 내부에서 자유롭게 유희하고 교환되는 것을 개시하고 가능하게 한다. 그런데 중심은 그 자신의 내부에서는 자유 유희와 교환을 금지한다. 그러므로 데리다의 비판에 따르면, 자신이 개시하고 가능하게 한 자유 유희와 교환을 차단하는 중심의 개념은 일관되지 못한 개념이다. 즉, "중심화된 구조라는 개념은 실상 …… 근본적인 부동성과 거듭 확인된 확실성 위에 구성된, 즉 그 스스로는 자유 유희의

37 구조주의는 다음과 같은 깨달음에 근거를 두고 있다. 즉, 인간의 행동이나 산물들이 의미를 지닌다면, 이러한 의미를 가능케 하는 구분들과 관례들을 근저에서 떠받치는 체계가 존재해야만 한다는 깨달음에 그 근거를 두고 있다. 좀 더 상세한 논의는 다음 책을 참고하기 바란다. Jonathan Culler, *Structuralist Poetics: Structuralism, Linguistics, And The Study Of Literature* (Cornell University Press, 1975).

38 소쉬르의 다음 책을 참고하기 바란다. 페르디낭 드 소쉬르, 《일반언어학 강의》, 최승언 옮김(민음사, 1990), 143쪽. 여기서 소쉬르는 다음과 같이 말한다. "언어에는 적극적 사항이 없이 차이만이 존재한다. 언어가 내포하는 것은 언어 체계에 선행하여 존재하는 개념이나 소리가 아니라, 단지 언어 체계에서 나온 개념적 차이와 음적 차이일 뿐이다. 하나의 기호가 갖는 개념이나 음적 재료보다는 그 기호의 주위에 있는 것, 즉 다른 기호들 속에 있는 개념이나 음적 재료가 더 중요하다. 그 증거로, 한 사항의 의미와 소리를 손대지 않았는데도, 단지 인접한 다른 사항이 변했다는 사실만으로 그 가치가 변할 수 있는 것이다."

영역으로부터 벗어난 자유 유희의 개념"이다.[39]

데리다는 이러한 중심의 개념을 거부한다. 중심이 사라지자 무수한 기호의 교환들이 자유롭게 유희하게 되었다. 단어의 의미는 언어 체계 안에서 다른 단어들과의 차이로부터 이끌어지는데 언어 체계는 중심을 지니고 있지 않기 때문에, 단어의 차이들은 무한하게 변하고 따라서 그 단어의 의미도 무한히 변한다. 데리다는 무한히 변화하는 단어의 차이를 자신이 만든 용어인 '차연'으로 표현한다. "차연이란 성분들이 서로 연관된 방식인 차이들의, 차이들의 흔적들의, 간격의 체계적인 유희를 의미한다."[40] 다르게 하다to differ와 지연시키다to defer의 두 가지 의미를 동시에 가지고 있는 프랑스어 동사인 différer가 보여주듯이, 차이들의 유희는 의미가 우리에게 현존하는 것이 아니라 지연됨을 뜻한다. 의미는 옛 흔적들과 새 보충들을 가지고 무한히 지연된다. 의미의 전체 흔적들이 어떤 특정 문맥context에서 모두 밝혀지기는 불가능하다. 발견되지 않은 흔적들이 쌓이고, 문맥이 변함에 따라 새 보충들이 의미를 지니게 된다. 의미가 문맥에 의존하기는 하지만, 문맥은 끝이 없기 때문에 의미는 무한한 기호 교환들의 자유 유희이다.[41]

이제 데리다에게서 작품이란, 하나로 종합될 수 없는 수많은 의미들

39 Jacques Derrida, "Structure, Sign, And Play", *The Structuralist Controversy*, Richard Macksey & Eugenio Donato (eds.) (The Johns Hopkins University Press, 1972), 248쪽.

40 Jacques Derrida, *Positions, Alan Bass* (trans.) (The University Of Chicago Press, 1981), 27쪽.

41 문맥은 다음의 두 가지 의미에서 끝이 없다. 첫째, 특정 문맥은 차후의 기술description에 열려 있다. 특정 문맥에 포함될 수 있는 것이 무엇인지에 대한 제한이 존재하지 않는다. 둘째, 문맥을 규정하려는 어떠한 시도도 그 시도가 기술하려는 문맥 위에 항시 이식될 수 있으며, 그 결과 이전의 정식으로는 포용될 수 없는 새 문맥이 탄생한다. Jonathan Culler의 *On Deconstruction* (Cornell University Press, 1982), 123-124쪽을 참고하기 바란다.

이 끝없이 교환되는 장소이다. 그러므로 그러한 작품에 대한 해석도 "진리나 근원에 대한 해독이나 꿈을 추구"하기보다는 "자유로운 유희를 긍정"하고, "완전한 현존을 꿈꾸는 그러한 존재의 이름"을, "재확증된 토대"들, 해석이라는 "경기의 시작과 끝"을 넘어서야 한다.[42] 독자 혹은 해석자가 해야 할 일은 이제 "세상의 유희에 대한, 변화됨의 티 없음에 대한 즐거운 긍정"이며 "오류 없는, 진리 없는, 근원 없는 기호들로 이루어진 세계에 대한 긍정"이다.[43] 그리고 이러한 긍정은 "원천적인 불확정성"에 스스로를 내맡긴다.[44]

데카르트의 근심

데카르트는 우리의 존재와 지식을 위한 토대가 없다면 우리는 깊 은 소용돌이에 빠져 바닥을 딛고 설 수도, 위로 올라갈 수도 없지 않을까 걱정했다.[45] 그의 근심에 따르면, 우리에게는 양자택일의 길만이 있다. 우리의 지식에 대한 진리를 보장해주는 토대를 찾거나, 그렇지 않다면 혼란이나 회의주의에 빠질 수밖에 없다. 데카르트와 그의 후예들이 가려고 한 길은 물론 전자이다. 그들은 혼돈을 피하고 안정을 구하기 위하여 "밑바닥에 깔린 구조"나 "문화적으로 불변하는 요소"나 "생물학적으로 결정된

42 Derrida, *The Structuralist Controversy*, 264-265쪽.

43 Jacques Derrida, *Writing And Difference*, Alan Bass (trans.) (Routledge Kegan Paul, 1978). 292쪽.

44 *Writing And Difference*, 292쪽.

45 Rene Descartes, "Meditations on First Philosophy", *Descartes: Selected Philosophical Writings*, John Cottingham (ed.) (Cambridge University Press, 1988). 80쪽.

유형"을 찾기 위해 고투했다.[46] 그들은 우리의 세계, 지식, 합리성, 문화, 선 등을 정당화해주는 궁극적 근거인 어떤 토대가 존재한다고 생각하고 그런 토대를 찾으려고 했다.

이는 해석의 경우도 유사하다. 해석을 정당화해주는 궁극적 근거인 토대를 찾으려고 한다. 저자의 의도나 작품의 형식적 구조가 그러한 토대로 선정된다. 의도주의나 형식주의 모두 해석의 혼란을 피하기 위해 나름의 토대를 확보하는 것이다. 그런데 바르트와 데리다는 그런 토대를 부정한다. 그렇다고 해서 해석을 아래로 내려갈 수도 위로 솟구칠 수도 없는 소용돌이에 빠지게 하지는 않는다. 감상자는 작품 속에 유영하며 해석을 즐기면 된다. 해석의 오류도 진리도 없는 불확정한 세계에서 작품의 의미를 감상자 나름대로 자유로이 해석하고 즐기라는 것이 토대가 사라진 세계에서 바르트와 데리다가 선택한 방향이다.

그런데 바르트나 데리다에게서 작품 해석의 즐거움은 행복감, 만족감, 안락함으로부터 비롯하는 것은 아니다. 작품 해석의 즐거움은 충격, 당혹감, 심지어는 상실감에서 비롯한다. "작품의 표면 위에 마찰을 일으켜라."[47] 작품의 표면 위에 드리워져 있던 기존의 안정된 해석이 벗겨지고 상처 날 것이다. 고통스럽다. 그 상처 위에 새로운 해석을 덧씌워라. 고투 끝에 작품은 이제 새로운 의미를 지닌다. 작품 해석의 즐거움이란 옛 해석들을 해체하는 고통 끝에 이루어진 노고의 산물이다.

후기 구조주의 해석 이론은 해석의 초점을 저자와 작품에서 벗어나

46 Richard Rorty, "Solidarity or Objectivity", *Objectivism, Relativism, and Truth* (Cambridge University Press, 1991), 22쪽.

47 Barthes, *The Pleasure Of The Text*, 11쪽.

감상자에게 맞춘다. 그리고 감상자에게 작품 해석의 자유를 부여함으로써 다양한 해석을 가능케 한다. 그렇지만 그 다양함은 새로운 해석이 추가되면서 늘어나는 다양함이다. 기존의 해석을 반복하거나 조합하는 해석은 다양한 해석에 기여하지 못한다. 자유로운 도전을 통해 이루어내는 창조적 해석이 다양한 해석의 지평을 넓힌다고 할 수 있다. 이러한 창조적 해석은 옳고 그름의 이분법적 기준을 초월함으로써 더 강화된다.

토대에 대한 부정, 유희에 대한 긍정, 자유에 대한 찬사, 정답에 대한 거부, 창조에 대한 열망으로 후기 구조주의는 저자와 형식에 묶여 있던 해석에 다양성과 창조성을 불어넣었다. 그렇지만 그로 인해 데카르트나 허시의 염려처럼 다양한 해석이 난립할 때 어떤 해석이 올바른지를 판단할 수 없는 혼란도 불러일으켰다. 다양한 해석을 가능케 하면서도 이런 혼란을 막을 방안은 없을까?

역사

자연과학의 발달과 더불어 자연과학의 방법은 인문학과 사회과학을 포함하는 모든 학문이 따라야 하는 이상적 유형이 되었다. 자연과학의 방법은 선입견에서 벗어나 초역사적인 객관적 진리를 지향한다. 이러한 자연과학의 방법에 영향을 받은 일군의 해석학은 작품과 역사적 사건에 대한 객관적인 해석을 보장해주는 방법을 찾으려고 애썼다. 이들은 선입견을 인간의 권위 의식과 성급함으로부터 비롯되는 근거 없는 판단으로 간주했으며, 방법적으로 훈련된 이성의 사용을 통해 선입견을 제거함으로써 올바른 해석에 도달할 수 있다고 주장했다.

가다머는 선입견에 대한 이러한 부정적 평가에 반발했다. 그는 선입견이 모든 이해에 필연적으로 결부된다는 점을 깨닫는 것이 해석 문제의 요체라고 보았다.[48] 선입견이 모든 이해에 필연적으로 결부된다는 점에

48 Hans-Georg Gadamer, *Truth And Method*, 2nd ed. rev., Joel Weinsheimer • Donald Marshall (trans.) (Continuum, 1993), 271쪽. 가다머의 이해에 대한 언급은 그의 해석에 대한 논의에도 유효하게 적용될 수 있다. 그는 해석을 이해의 명확한 형태라 규정하면서 이해와 해석을 동일시하려 한다. 그는 다음과 같이 말했다. "해석은 이해를 사후事後에 보충하는 것이 아니다. 오

대한 근거로 가다머는 이해가 항상 역사와 전통을 배경으로 이루어진다는 사실을 들고 있다.

> 판단이 아닌 선입견이 존재를 구성한다. …… 선입견은 정당화가 힘들고 실수가 잦기 때문에 진리를 왜곡할 수밖에 없다는 주장은 필연적이지 않다. 우리 존재의 역사성은 선입견이 경험에 대한 우리 전체 능력의 처음 방향을 구성한다는 점을 함축한다. 선입견은 세계에 대한 우리의 열림의 경향이다.[49]

> 사회와 국가의 거대한 역사적 실재들은 미리 결정된 영향력을 모든 '경험'에 항시 끼쳐왔다. 딜타이가 출발점으로 삼았던 자기반성과 자기 기록이란 기본적인 것이 아니며, 따라서 해석학적 문제의 적합한 근간이 될 수 없다. 왜냐하면 그러한 출발점을 통해 역사는 다시 한번 개인화되기 때문이다. 역사가 우리에게 속하는 것이 아니다. 우리가 역사에 속한다. 자기 성찰의 과정을 통해 스스로를 이해하기 이미 오래전에, 우리는 우리가 사는 가족, 사회, 그리고 국가 속에서 명확하게 스스로를 이해한다. 주관의 초점은 왜곡된 거울이다. 개체에 대한 자기 인식은 역사적 삶의 폐쇄 회로 속에서의 깜박거림일 뿐이다. 이 점이 왜 개인의 판단보다는 개인의 선입견이 훨씬 더 그 개

히려, 이해는 항시 해석이며 따라서 해석은 이해의 명확한 형태이다."(*Truth And Method*, 307쪽) 그러므로 이 책에서는 이해에 대한 가다머의 언급을 그의 해석 개념을 설명하는 데도 적용할 것이다. 그러나 가다머의 다른 주장, 즉 "해석이란 작품의 의미가 곧바로 이해될 수 없는 곳에서 필요하다"(*Truth And Method*, 336쪽)는 주장을 받아들일 경우, 우리는 가다머가 이해와 해석을 동일시하지 않는다고 간주할 수도 있다. 그렇지만, 가다머의 위의 주장은 그의 이론의 전형적인 입장과는 거리가 있으며, 그리고 해석은 명확한 이해라는 그의 생각 속에 통합될 수 있다.

49 Gadamer, "The University Of The Hermeneutical Problem'', *Philosophical Hermeneutics*, David Linge (ed.·trans.) (University Of California Press, 1977), 9쪽.

인 존재의 역사적 실재를 구성하는지에 대한 이유이다.[50]

우리의 이해가 언제나 우리가 속한 역사적 상황에 의존한다면, 우리는 어떻게 우리는 우리와 다른 역사적 상황에 속한 작품을 이해할 수 있는가? 이러한 의문에 답변하기 위해 가다머는 '지평의 융합'이라는 개념을 도입한다. 가다머가 지평이란 말을 통해 의미하는 바는 어떤 특정 지점에서 볼 수 있는 통찰력의 범위다.[51] 우리가 작품을 이해하거나 해석할 때, 두 가지 지평이 존재한다. 하나는 우리가 속해 있는 지평이고, 다른 하나는 작품이 발생한 지평이다. 작품에 대한 우리의 해석 작업은 이러한 두 지평의 융합이다.

해석자가 작품과의 거리를 극복하고 그것을 통해 독자가 작품을 이해하게끔 도와주려 할 때, 그 자신의 발걸음을 뒤로 물리는 일은 부정적 의미에서의 사라짐이 아니다. 뒤로 물러섬은 작품의 지평과 독자의 지평 사이에 놓인 긴장이 풀어지게끔 상호 소통 속으로 들어감을 의미한다. 나는 이러한 일을 '지평의 융합'이라 부른다. 떨어진 지평들은 서로 다른 관점들의 경우에서와 같이 서로서로 합쳐진다. 작품을 이해하는 과정은 작품이 말하는 것들 속으로 독자를 사로잡아 끌고 들어가려 하고, 이러한 융합 속에서 작품도 또한 스러진다.[52]

50 *Truth And Method*, 276-277쪽.

51 *Truth And Method*, 302쪽.

52 Gadamer, "Text And Interpretation", *Dialogue And Deconstruction: The Gadamer-Derrida Encounter*, Diane Michelfelder & Richard Palmer (eds.) (State University Of New York Press, 1989), 41 쪽.

따라서 가다머에게서 해석이란 작품의 지평을 재생산함도 아니고 오직 우리의 지평만을 고려함도 아니다. 해석이란 우리의 지평을 작품의 지평에 적용하는 일이다. 그래서 가다머는 해석을 적용이라고 불렀다.

> 이해란 이해의 대상인 작품을 해석자의 현재 상황에 적용하는 그러한 일에 항시 관련된다. …… 우리는 적용을 이해나 해석만큼이나 해석 과정에서 필수적인 한 부분으로 여긴다. …… 작품은 법률서든 복음서든 불문하고 적절히 이해되려면 …… 모든 경우에 모든 구체적 상황 속에서 새롭고 다른 방식으로 이해되어야만 한다. 여기서 이해는 항시 적용이다.[53]

적용에 의한 지평의 융합을 통해 우리와 작품 사이에 놓인 긴장이 풀어지고 우리는 작품을 이해할 수 있게 된다. 그러나 이러한 긴장의 풀어짐은 최종적으로 완결되는 것이 아니라 지속적으로 진행된다.

> 전통 속에서 이러한 융합의 과정은 지속적으로 진행된다. 왜냐하면 그곳에서 옛것들과 새것들이 서로에게서 명확히 미리 정초됨 없이 새로운 가치 속으로 항시 결합하기 때문이다. …… 역사의식 속에서 일어나는 전통과의 모든 만남은 작품과 현재 사이의 긴장을 경험하는 일이다. 해석의 과제는 이 둘에 대한 단순한 통합을 통해 이러한 긴장을 숨기는 데 있지 않고 의식적으로 이 긴장을 드러내는 데 있다.[54]

53 *Truth And Method*, 308-309쪽.

54 *Truth And Method*, 306쪽.

상황이 변함에 따라 우리가 작품의 지평 속에 집어넣는 지평 또한 변한다. 새로운 의문이 떠오르고, 우리가 작품으로부터 얻을 수 있는 답변들도 변한다. 그리고 그러한 변화를 통해 지평의 융합 또한 변한다. 마크 트웨인의《허클베리 핀》을 해석할 때, 동성애에 대한 새로운 인식이 대두됨으로써 짐과 허크의 관계를 이전 시대와는 다른 관점에서 바라볼 수 있으며, 이에 따라 이전 시대와는 다른 작품 해석이 이뤄질 수 있다. 예전에는 짐과 허크를 우정의 관계로 바라보고 작품을 해석했다면 요즘은 애정의 관계로 바라보고 작품을 해석할 수 있는 것이다.

그렇다면 이제 지평의 융합이 잘 이루어졌는지에 대한 여부는 어떻게 알 수 있는가? 이 물음에 대한 답은 '전체성wholeness' 혹은 '통일성unity'이라는 개념에서 얻을 수 있다. 가다머에 따르면, 작품을 해석할 때 우리는 의미의 완결성, 즉 의미의 전체적 통일성을 기대한다. "의미의 통일성을 구성하는 것만이 인지될 수 있으며,"[55] 해석이란 "전체 구성의 통일성이 비추어지는"[56] 곳에 존재한다. 그러므로 해석이란 의미가 놓인 모든 관계 속에서 의미의 전체적 통일성을 추구해 나가는 일이라 할 수 있다.[57] 그런데 앞서 말했듯 해석이란 지평의 융합 속에서 이루어지는 일이기 때문에, 해석에서의 통일성이란 지평의 융합 속에서의 전체적 통일성이다. 부연하면, 해석은 작품의 지평과 해석자의 지평을 일관되고 전체적인 방식으로 통일하는 일이다. 그렇지만 전통이란 그 끝이 열려 있으며 뭉뚱그려 객관화될 수 없기 때문에, 작품과 해석 상황의 전체적 통일

55 *Truth And Method*, 294쪽.

56 Gadamer, "*Text And Interpretation*", 48쪽.

57 Shusterman, "The Gadamer-Derrida Encounter: A Pragmatist Perspective", *Dialogue And Deconstruction: The Gadamer-Derrida Encounter*, 218쪽.

성에 도달하는 일은 불가능하다. 해석이란 전체적 통일성을 향해 나아가는 상대적이고 불완전한 운동이다.

> 신들은 알고 있으리라. 그러나 우리는 근사치의 도정에 서 있으며 진리로 향한 변증법적 움직임을 통해 오류를 극복해나가고 있다. 이러한 의미에서, 나는 철학의 가장 오래된 유산은 철학이 지닌 기능성, 즉 설명 부여 능력이며 따라서 철학은 제1원리를 지닌다고 추정할 수 없다는 생각을 부분적으로 옹호할 수 있었다. 이 점은 내가 '토대' 대신에 취하려 했던 것을 아주 잘 드러내준다. 나는 그것을 '참여'라 부르려 한다. 왜냐하면 인간 삶 속에서 일어나는 바가 바로 참여이기 때문이다. …… 참여는 부분이 아니라 전체를 취하는 과정에 놓여 있다.[58]

전체적 통일성을 완수하는 일이 불가능하지만, 전체적 통일성은 해석의 규범적 이상으로 기능한다. 해석은 통일성을 지향해야 한다. 해석자의 지평과 작품의 지평이 균열과 마찰을 빚을 경우 그 균열과 마찰을 수정하며 통일성에 다가서야 한다. 진리가 무엇인지 알지 못한다. 그렇지만 오류를 수정해나가다 보면 진리에 근접할 것이다. 진리에 도달할 수 없다고 진리를 포기하면 진리에 근접할 가능성도 박탈당한다. 상정된 진리는 규제적 이념으로 작용하며 검증과 수정을 통해 우리의 주장을 점차 진리에 접근시킨다. 가다머의 통일성 개념도 이와 유사한 역할을 한다. 진리가 우리의 주장에 규제적 이념으로 작용하듯, 통일성은 우리의

58 Gadamer, "The Hermeneutics of Suspicion", *Hermeneutics: Questions and Prospects*, Gary Shapiro & Alan Sica (eds.) (The University of Massachusetts Press, 1984), 64쪽.

해석에 규범적 이상으로 기능한다.

> 체계적 통일성에 대한 요구가 관념론의 시대보다 오늘날 훨씬 더 구현되기 힘들어 보이는 것은 사실이다. 그 결과 매혹적 다양성에 대한 내밀한 친화력이 우리들을 잡아당기고, 예술의 표현은 풍부한 작품들 속에서 그러한 친화력을 우리들에게 전파한다. 자아의식 혹은 최종적 단일화와 자족적 기반화 같은 어떤 다른 원리도 철학의 체계를 구성해나가는 일이 가능하다는 점에 대한 기대를 우리에게 불어넣어 주지 못한다. 그럼에도 불구하고 통일성에 대한 주장의 절박함은 굽힐 수 없는 채 남아 있다.[59]

여기서 가다머는 통일성의 필요성을 호소하고 있다. 그렇지만 다양성이 매력적임을 인정하고 있기도 하다. 특히 예술은 풍부한 다양성이 큰 매력이다. 예술 작품을 해석하는 경우에도 다양성은 피할 수 없다. 감상자는 자기 나름의 지평에서 다양한 해석을 할 수 있다. 감상자의 지평이 저자의 의도나 작품의 형식에 맞추어질 필요는 없다. 감상자 누구나 자기 나름의 선입견을 작품에 투영하고 그를 통해 자기 나름의 해석을 생산해낸다. 그렇지만 그 다양성이 수렴되는 통일성은 필요하다.

그렇다면 해석자의 지평과 작품의 지평이 통일성을 이루었는지는 어떻게 알 수 있는가? 가다머에 따르면, 우리가 통일성에 도달했는지 아닌지는 비록 일시적이며 완전히 일치하지는 않더라도 해석 공동체 혹은 전통 속에서 이루어내는 동의 혹은 합의에 달려 있다. "모든 이해는 불일

59 Gadamer, "Science And Philosophy", *Reason In The Age Of Science*, Frederick Lawrence (trans.) (The Mit Press, 1981), 19쪽.

치 속에서 그리고 불일치를 통하여 상호 동의를 추구해나간다."[60] 통일성을 해석의 규범적 이상으로 설정했지만 그 통일성을 달성했다고 주장하는 해석들이 서로 충돌하며 갑론을박을 벌일 수 있다. 서로 엇갈리거나 모순되는 해석들이 각자 통일성의 달성을 주장할 때 그에 대한 해결 방법은 그 해석들이 갑론을박을 벌이는 공동체 내의 합의에 있다. 감상자의 지평과 작품의 지평이 통일을 이루는 해석이 올바른 해석이며, 올바름에 대한 판정은 해석 공동체의 합의를 통해 이루어질 수 있다.

60 Gadamer, "Hermeneutics As A Theoretical And Practical Task", *Reason In The Age Of Science*, 136쪽.

다원

지금까지 여러 해석의 틀을 살펴보았다. 의도주의는 저자의 의도, 형식주의는 작품의 형식이 작품의 의미를 결정한다고 보았다. 따라서 해석의 정당성 여부는 저자의 의도나 작품의 형식을 올바로 파악했느냐의 여부에 달려 있다.

그러나 후기 구조주의는 '저자의 죽음'과 '차연'이라는 개념을 통해 저자의 의도와 작품의 형식이라는 전통적 두 축을 해체해버렸다. 후기 구조주의는 저자의 의도나 작품의 형식이 작품의 의미를 결정할 수 없다고 보았다. 한 걸음 더 나아가 그 어떤 것도 작품의 의미를 결정할 수 없다고 주장했다. '저자의 의도'나 '작품의 형식'이라는 토대뿐만 아니라 다른 어떤 토대도 작품의 의미를 위해 존재할 수 없다. 작품의 의미는 그 어떤 토대로부터도 벗어나 독자나 감상자에게 열려 있다. 독자나 감상자는 열린 작품의 의미를 스스로 자유롭게 즐기면 된다. 올바른 해석이나 틀린 해석은 존재하지 않는다. 모든 해석은 미결정적이며, 그로 인해 해석은 자유롭고 또한 즐겁다.

후기 구조주의 해석론은 예술론 중에서 와이츠의 예술 정의 불가론이나 단토의 예술 종말론과 닮았다. 예술은 정의할 수 없다는 와이츠의 주장은 해석은 미결정적이라는 주장과 닿아 있으며, 모든 것이 예술이 될 수 있다는 단토의 주장은 해석은 자유롭다는 주장과 이어진다. 정의될 수 없기에 모든 것이 예술이 된다는 예술 정의 불가론과 종말론의 결합은 미결정적이기에 해석은 자유롭다는 후기 구조주의와 호응한다. 예술의 종말과 저자의 죽음이 유사한 것도 흥미롭다. 후기 구조주의는 단토의 종말론이 다원주의 예술론에서 그러했듯 다원주의 해석론의 기본을 형성한다. 이 기본을 바탕으로 다원주의 해석론의 윤곽을 그려보도록 하겠다.

해석의 방법

작품이 앞에 놓여 있다. 어떻게 해석할 것인가. 먼저 작품을 통독하거나 일람하는 일이 필요하다. 그다음은 해석의 목적을 설정한다. 자신이 궁금해하는 것이 무엇일까. 어떤 의미를 탐색하고 싶을까. 저자의 의도가 궁금하여 그 의도를 파악하는 것이 해석의 목적일 수도 있고, 작품을 둘러싼 역사적 의미를 해명하는 것이 해석의 목적일 수도 있다. 특정 작품을 해석하는 목적이 설정되었으면 다음으로 그 목적을 달성하는 데 필요한 해석의 방법을 선택한다. 이미 소개한 해석 방법들 중에서 선택할 수 있다. 춘원(이광수)의 의도를 파악할 수도 있고, 〈무정〉의 형식을 탐색할 수도 있다. 〈유정〉 속을 유영할 수도 있다. 이런 방법들이 내키지 않는다면 다른 방법들을 선택할 수 있다. 저자의 의식적 의도가 아닌 무의식적 의도를 추측하는 프로이트식 정신분석학을 택할 수 있다. 마르크스주의, 페미니즘, 탈식민주의 등에 입각한 해석도 가능하다. 기존의 방법들이 구태의연하다고 느껴지면 새로운 방법을 고안할 수도 있다. 프로이트 더하기 페미니즘, 마르크스주의 더하기 형식주의 등 기존의 방법들을 조합하는 방법일 수도 있고, 해석자 나름의 독창적인 방법일 수도 있다. 때로 작품의 의미는, 낯설고 해괴한 해석의 방법이 적용되어 새롭게 발굴되고 풍요로워지곤 한다. 진화심리학적 해석이나 뇌 과학적 해석도 시도할 만하다. 다원주의는 그런 시도를 통해 작품의 의미가 새로이 추가되는 것을 적극 권장한다.

그렇지만 다원주의 해석론에서 어떤 해석 방법을 다른 해석 방법보다 선호하는 일은 없다. 어떤 해석의 방법을 선택할 것인가는 전적으로 해석자의 판단에 달려 있다. 해석자는 다양한 해석 방법을 개괄적으로라도 미리 익혀둘 필요가 있다. 한두 가지 해석 방법밖에 모르는 상태에서 선택하는 것과 더 다양한 해석 방법을 파악한 상태에서 선택하는 것의 차이는 크다. 전자의 경우는 해석해야 하는 작품의 수가 늘어나더라도 계속 일정한 해석의 방법을 선택하는 일이 빚어지기 쉽다. 실제로 자신이 힘들게 익힌 해석의 방법을 여러 작품에 계속 적용하여 작품 비평이 늘 비슷하게 나오는 바람에 해석자 자신도 지치고 그 해석을 읽는 독자도 지치는 경우가 종종 있다. 그리고 해석의 방법도 유행이 있는 터라 한 작품에 대한 여러 해석가의 글이 일정 기간 거의 흡사한 경우도 있다. 이들 경우에서, 해석은 반복의 변주나 신념의 투영이 될 수 있다.

해석의 적용

작품을 일람한 후 해석의 목적을 설정하고 해석의 방법을 선택했다면 그 다음 단계는 그 해석의 방법을 작품에 적용하는 일이다. 루브르 박물관에 가서 다빈치의 〈모나리자Mona Lisa〉를 보았다. 신비의 미소라는데, 다소 비밀스럽기도 하다. 그 미소의 의미는 무엇일까. 프로이트의 정신분석학을 적용하기로 한다. 좀 더 좁혀 프로이트의 오이디푸스 콤플렉스나 거세 공포증을 중점적으로 적용할 수도 있다. 거시적이든 미시적이든 해석자는 자신이 선택한 해석 방법을 염두에 두고 작품을 검토할 필요가 있다. 그리고 형식주의 해석의 경우는 예외가 되겠지만 대부분의 해석 방법은 작품, 저자, 역사 등 다양한 요소를 고려하여 작품을 검토한다. 모나리자의 저자인 다빈치가 남긴 기록을 살펴본다. 요람에 누워 있을 때 독수리가 날아와 꽁지로 입을 쳤다는 기록이 눈에 띈다. 다빈치 자신이 떠올린 유년의 기억이다. 정신분석학은 생애 초반의 유년이 삶 전체에 놀라운 영향을 끼친다고 주장한다. 다빈치의 유년의 기억이 〈모나리자〉에도 큰 영향을 끼쳤을 수 있다. 그가 남긴 유년의 기억이 무슨 의미를 지니는지 그리고 그의 작품에 어떤 영향을 미쳤는지를 알아본다. 유년의 기억은 다빈치의 무의식에 남아 있다. 프로이트는 무의식에 다가가기 위해서 때론 낯설고 사소한 것에 주목하라고 했다. 우연한 실수나 잦은 반복도 실마리가 될 수 있다고 했다. 다빈치의 다른 작품들뿐만 아니라 출생 기록부나 거래 장부까지 뒤진다. 다빈치의 출생 및 성장에 관한 곡절이 드러나고, 이런 곡절이 그의 작품 세계에도 영향을 미쳤다고 판단된다. 〈모나리자〉의 조콘다와 〈두 명의 성녀와 아기 예수Sant'Anna, la Madonna e il Bambinocon un agnello〉의 안나는 비슷한 미소를 띠고 있으며, 두 사람 모두 다빈치가 어린 시절 결별한 후 못내 그리워한 그의 생모 카타리나를 닮았다. 모나리자의 미소 속에는 "이중의 의미, 즉 무한한 사랑의 약속과

불행을 예고하는 듯한 위협"이 동시에 재현되어 있는 것이다.[61]

〈모나리자〉에 정신분석학을 적용하는 한 예를 스케치해보았다. 하지만 가다머의 말대로 잘 적용되지 않을 때도 있다. 의문이 해소되고 작품의 의미가 드러나기는커녕 억지로 짜깁기를 하는 느낌이 들 때가 있는 것이다. 이럴 때는 해석의 방법을 부분적으로나 전체적으로 바꾸는 방안을 고민한다. 작품을 다시 일람하고 목적을 가다듬고 그 목적을 더 잘 달성할 방법을 고민한다. 일종의 해석학적 순환에 빠져드는 셈이다. 작품, 해석자, 해석의 목적, 해석의 방법 등이 순환하며 더 그럴듯한 해석을 향해 나아간다. 그러나 이는 이상적 목표일 뿐 해석은 빈번히 논란에 휩싸인다. 자유롭고 다양한 해석을 허용할수록 논란은 증폭될 수밖에 없다. 다빈치에 대한 정신분석학적 해석을 직접 시도한 프로이트조차 자신의 해석에 대해 한 편의 허구가 아닌지 모르겠다고 토로했다. 여러 해석들이 갑론을박을 벌일 때 어떻게 할 것인가?

해석의 갑론을박

동일한 예술 작품에 대해 여러 해석들이 갑론을박을 벌일 때 굳이 어떤 해석이 옳은지 판별하지 않아도 된다. 플라톤의 저작에 대한 끝없는 갑론을박이 서양 사상의 거대한 봉우리를 형성했듯 예술 작품에 대한 해석의 갑론을박도 그러하다. 특정 작품에 대한 올바른 해석이 확정되지 않는다고 크게 염려하지 않아도 된다. 다양한 해석은 작품의 의미를 풍부

61 프로이트, 〈레오나르도 다빈치의 유년의 기억〉, 《예술과 정신 분석》, 정장진 옮김(열린책들, 1997), 85쪽.

하게 하고 심화한다. 이중섭의 소가 무엇을 상징하는지에 대한 갑론을박을 제한할 이유는 없다. 허시가 염려하듯 큰 혼란이 오는 것도 아니다.

해석이 시험과 관련했을 때는 상황이 다를 수 있다. 작가의 의도를 묻는 질문이 사지선다형 시험으로 출제되었다고 하자. 이때에는 해석의 정답을 정해야 한다. 가다머의 권유를 따르면 될 것이다. 정답은 합의를 통해 결정된다. 합의를 위해 작가의 전기, 작품의 문맥, 기존의 해석 등 여러 요소들을 고려하겠지만 결국 결정은 합의를 통해 이루어질 수밖에 없다. 그 외에는 다른 방안을 마련하기 힘들다.

그러나 예술 작품에 대한 해석을 합의에 의존하는 일은 입시 평가 등 몇몇 특별한 상황에 국한하여 최소화하는 것이 좋다. 가다머뿐만 아니라 프래그머티즘도 합의를 강조하곤 한다. 합의에 대한 강조는 다양한 해석을 가로막는 억압으로 작용할 가능성이 있다. 예술 작품에 대한 비평가의 해석을 합의를 통해 판정하는 일은 바람직하지 않다. 못마땅한 해석에 대해서는 비판과 수정을 통해 다른 해석을 내놓고, 그 다른 해석도 다시 비판과 수정에 노출시킬 때 더 좋은 해석으로 나아갈 가능성이 열린다. 갑론을박의 해석들을 놓고 더 갑론을박을 벌임으로써 더 좋은 해석에 도달할 수 있다. 합의는 자칫 그런 갑론을박의 종식을 몰고 온다. 춘추 전국의 예술처럼 갑론을박의 해석을 놓아두는 것이 다원주의 미학의 정신이다.

4

몇 가지 의문들

다원주의 미학의 기본은 예술론에서는 단토이고 비평론에서는 후기 구조주의이다. 양자 모두 다양한 예술과 다양한 해석을 찬양한다. 예술의 종말과 저자의 죽음은 호응하며 주류라 칭하는 예술과 대문이라 통하는 해석을 해체한다. 다양한 예술이 만개하고 다양한 해석이 소통된다. 누구나 예술가나 비평가가 될 수 있고 무엇이든 예술이나 비평이 될 수 있다. 참여민주주의의 미학적 도래라 할 수 있다. 그렇지만 이러한 도래는 여러 의문을 자아내고 또 여러 문제를 드러낸다.

여기서는 다원주의 미학에 대한 다섯 가지 의문을 제시하고 그것에 답변해보려고 한다.

가치

오늘날 다원주의 미학의 시대가 도래했다는 점을 어떻게 입증할 수 있는가?

단토는 '예술의 종언'이라는 다소 도발적인 수사를 통해 다양한 예술 시대의 개막을 선언했다. 단토가 그러한 선언을 하게 된 데는 여러 이유가 있지만, 주된 이유는 워홀의 〈브릴로 상자〉에 있다. 앞서 언급했듯이, 워홀의 〈브릴로 상자〉는 뒤샹의 〈샘〉과 더불어 형식론을 흔드는 데 기여했다. 단토는 〈브릴로 상자〉를 통해 형식론의 붕괴뿐만 아니라 모든 것이 예술이 될 수 있는 다원주의의 개막을 보았다. 일반 변기나 물품 상자가 예술이 될 수 있다면, 예술이 안 되는 그 어떤 것이 있다고 상정하는 것은 잘못이다. 〈브릴로 상자〉 이후, 현대 미술은 다양한 양식의 실험장이 되며, 1993년 미국 휘트니 비엔날레는 그러한 실험의 전형이 되었다.[1]

다원주의 시대의 도래에 대한 단토식 입증은 실제 미술 현상에 근거

1 단토의 입장에 대해서는 그의 《예술의 종말 이후》(김광우·이성훈 옮김, 미술문화, 2004)를 참고하기 바란다. 아울러, 장민환, 〈단토의 표상으로서의 예술에 관한 연구: 미술의 종말과 다원주의 미술로의 귀결〉(서울대 철학박사 학위논문, 2006)도 도움이 될 것이다.

하고 있다. 〈브릴로 상자〉를 기점으로 현대 미술은 새로운 주류 없이 다양한 양식을 펼쳐놓고 있기 때문에 이제 다원주의 시대가 열리게 되었다는 것이다.

하지만 현상에 근거한 이러한 입증은 여러 가지 논란거리를 낳는다. 첫 번째 논란거리는 현대 미술의 현상이 단토가 주장하는 다원주의 시대와 맞지 않는다는 것이다. 주류 없이 다양한 양식이 펼쳐지는 듯 보이지만, 그 밑바탕에는 여전히 특정한 큰 줄기가 흐르고 있다는 것이다. 예컨대, 그린버그식 모더니즘 이후의 미술은 뒤샹식 역사적 아방가르드와 네오 아방가르드가 주류를 형성하여 모더니즘적 자율성을 공격하고 있다는, 그리고 예술과 삶의 거리를 새롭게 좁히려 하고 있다는 입장을 펼칠 수 있다.[2] 두 번째 논란거리는 서양의 특정 국가의 미술 현상에 비추어 보았을 때는 다원주의가 타당하지만, 다른 지역의 미술 현상에는 다원주의가 맞지 않는다는 것이다. 우리나라의 미술 현상에는 여전히 특정 주류가 건재하고, 그렇게 때문에 다양한 양식이 가능한 다원주의 시대가 아니라고 주장할 수도 있는 것이다. 세 번째 논란거리는 지금은 미술 현상이 다원주의 시대에 부합하지만, 곧 다양한 미술 현상을 수렴하는 새로운 주류 미술이 등장하게 되어 일원주의 시대로 바뀐다는 것이다.

위의 세 가지 논란거리가 드러내듯, 현상에 근거한 단토식 정당화는 현상이 다르거나 변하게 되면 다원주의가 더 이상 적용되거나 유지되기 힘든 한계를 노출한다. 물론, 예술과 이론의 역사에서 예술 현상이 변하

2 모더니즘 미술 이후의 새로운 거대 내러티브를 역사적 아방가르드 및 네오 아방가르드의 입장에서 구성할 가능성을 페터 뷔르거나 할 포스터 등을 통해 모색해볼 수 있다. 이를 위해서는 페터 뷔르거의 《아방가르드의 이론》(최성만 옮김, 지식을만드는지식, 2009)과 할 포스터의 《실재의 귀환》(이영욱·조주연·최연희 옮김, 경성대출판부, 2010)을 참고하기 바란다.

면 이론도 변하는 것이 순리라는 점을 지적한 바 있다. 그런데 다원주의가 모방론, 표현론, 형식론 등과 같이 하나의 독자적 이론으로 성립하려면 현상적 정당화를 넘어서 이상적 가치를 표방할 필요가 있다. 즉, 오늘날 다원주의 시대가 도래했다는 점을 현상적으로 입증하는 일도 중요하지만 다원주의 시대가 유지되거나 도래하는 것이 바람직하다는 점을 표방하는 일이 더 중요하다. 그리고 다양한 예술의 만개가 가치 있다는 점을 정당화하는 일도 필요하다. 그렇다면, 다원주의 미학의 가치는 무엇일까?

먼저, 예술 자체 내에서의 가치를 생각할 수 있다. 다원주의 미학은 예술 작품의 창작과 감상에 풍요로움을 제공한다. 모방론이 득세하는 시대에는 모방적 그림이 높은 평가를 받았다. 당연히 모방적 그림이 많이 그려지고, 그림에 대한 감상도 그림이 무엇을 모방했는지에 초점을 맞추어 이루어진다. 이 경우, 그림 창작과 감상의 방식은 모방이라는 한 가지 방식에 국한된다. 그렇지만, 표현론이 등장하게 되면, 그림 창작과 감상의 방식이 외부 대상에 대한 모방에만 국한되는 것이 아니라 작가 내부의 감정을 표현하는 일에까지 확대된다. 일원주의 미학에서는 표현론의 등장을 모방론에 대한 대체로 보지만, 다원주의 미학에서는 표현론의 등장을 모방론의 보완으로 본다. 모방론은 예술 창작과 감상 방식의 일부만 보여준 것이다. 표현론이 등장함으로써 예술 창작과 감상 방식의 다른 부분이 보완되었다. 다원주의 미학은 형식론을 비롯한 다른 예술 이론에 대해서도 동일한 태도를 유지한다. 새로운 예술론의 등장은 예술 창작과 감상의 방식에 새로운 방식을 일부 보완해줌으로써, 창작과 감상을 풍요롭게 해주는 구실을 한다. 더 많은 창작의 방식과 더 많은 감상의 방식을 적절히 제안하는 일, 그리고 그를 통해 예술을 풍요롭게 하는 일,

다원주의 미학은 그러한 일을 지향한다.

다음으로, 예술 외부 세계와의 연관 속에서 다원주의 미학이 지니는 가치를 생각할 수 있다. 다원주의 미학을 통한 예술의 풍요로운 만개가 이상적 사회상의 전조를 드러내준다. "어떻게 하나의 양식이 다른 것보다 더 낫다고 말할 수 있는가? 당신은 다음 주면 추상표현 주의자나 팝아티스트, 아니면 사실주의자가 될 수도 있는 것이다. 그것도 무엇인가를 포기했다는 느낌을 받지 않으면서 말이다"라는 워홀의 다원주의 미학은 "내가 오늘은 이 일을 하고 내일은 다른 일을 하는 것이, 아침에는 사냥을 하고 오후에는 낚시를 하고 저녁에는 소떼를 돌보며 저녁 후에는 비평 활동을 하는 것이 가능해진다. 그것도 내가 단지 그렇게 하고 싶어서이므로, 사냥꾼, 어부, 목동, 비평가 등등이 되어야 할 필요가 없는 것이다"라는 마르크스의 사회적 유토피아로 이어진다.[3] 다원주의 유토피아에서는 서로가 서로의 자유를 침해하지 않는 이상 상생한다. 단토가 말했듯이, 갈등으로부터 자유로워지는 데에는 두 가지 방식이 있다.[4] 하나는 자신에 들어맞지 않으면 모조리 제거해버리는 방식이고, 다른 하나는 그 어떤 차이를 불문하고 더불어 살아가는 방식이다. 다원주의 유토피아에서는 후자의 방식을 추구한다. 일원론주의자들에게는 이러한 방식이 포스트모던적 절충주의의 나쁜 징후로 비칠 수도 있지만, 다원주의자들에게는 이러한 방식이 "지배와 모욕 없이 다름을 인정받는 사회 문화적 이상의 상징"으로 고양된다.[5]

3 단토, 《예술의 종말 이후》, 97쪽에서 재인용.

4 단토, 《예술의 종말 이후》, 98쪽.

5 슈스터만, 《프라그마티즘 미학》, viii쪽.

"성직자와 왕을 제거하는 것, 민주적인 정부를 세우는 것, 사람들의 능력에 따라 각자로부터 취하고 사람들의 필요에 따라 각자에게 주는 것, 그렇게 하여 좋은 글로벌 사회를 창조하는 것의 유일한 요점은" 타인에게 피해를 주지 않는 한, "사람들이 자기가 선호하는 삶을 살 수 있도록 해주는 것이다".[6]

6 리처드 로티, 〈구원적 진리의 쇠퇴와 문학문화의 발흥〉, 《2001 봄 석학연속강좌 특별강연: 구원적 진리, 문학문화, 그리고 도덕철학》, 신중섭·이유선 옮김(아카넷, 2001), 35쪽.

자본주의의 문화적 논리

다원주의의 이상적 가치는 실현될 수 있을까? 사람들이 자신이 선호하는 삶을 살 수 있도록 해주는 것이 이상적 가치일 수는 있지만, 현실에서 얼마나 많은 사람들이 자기가 좋아하는 삶을 살 수 있을까? 과연 얼마나 많은 사람들에게 생계의 위협 없이 오늘은 이 일을 하고 내일은 다른 일을 하는 것이, 아침에는 사냥을 하고 오후에는 낚시를 하고 저녁에는 소떼를 돌보며 저녁 후에는 비평 활동을 하는 것이 가능할까?

마찬가지로, 예술가들이 자기가 좋아하는 양식의 작품을 창작할 수 있도록 해주는 것이 이상적 가치일 수는 있지만, 현실에서 얼마나 많은 작가들이 자기가 좋아하는 양식의 작품을 창작할 수 있을까? 과연 얼마나 많은 작가들이 생계의 위협 없이 오늘은 추상표현주의자, 내일은 팝아티스트, 모레는 사실주의자가 될 수 있을까?

자유와 다양성의 시대에, 우리는 실제로 얼마만큼 자유로운가?

이러한 의문 속에는 다원주의의 이데올로기적 기능에 대한 혐의가 깃들어 있다. 다원주의는 자본주의 경제 체제의 산물이다. 자본주의 경제 체제는 오늘날 신자유주의라는 이름 아래 자유의 확산을 도모한다.

그런데 그러한 자유의 확산은 개개인의 다양한 개성을 현상적으로는 자유롭게 발휘하게 해주는 듯싶지만, 실질적으로는 이윤 창출이라는 자본주의의 논리에 부합하는 개성만이 살아남을 수 있게 한다. 그렇다면, 이제 개성도 상품처럼 이윤 창출의 경쟁에 돌입해야 할 것이다. 경쟁에서 누가 승리할지는 모른다. 성공했다고 해도 그 성공은 일시적이다. 소비자의 입맛은 바뀐다. 할 수 있는 유일한 일은 끝없이 다양한 상품, 다양한 개성을 개발하여 시장의 선택을 기다리는 일이다. 자본주의 사회에서의 다양성이란 소비 시장에서 살아남는 한에서의 다양성이다. 자본주의는 끝없는 상품 개발을 위한 밑천으로 다양성을 조장하지만, 조장된 다양성 중 소비 시장에서 살아남지 못한 다양성은 폐기 처분된다. 결국, 다양성은 소비 시장의 여과를 거치며 획일화된다. 예컨대, 신자유주의가 확산되고 세계화가 진전될수록 전 세계의 다양한 문화가 활성화된다기보다는 미국 문화 중심으로 획일화된다. 다원주의는 후기 자본주의 시대의 문화적 논리일 뿐이다.

위와 같은 의문과 혐의 아래서 다원주의는 어떻게 살아날 수 있을까? 마르크스뿐만 아니라 유미주의자로 알려진 와일드Oscar Wilde도 다양한 문화의 활성화를 위한 전제 조건으로 사회주의를 염두에 두었다.[7] 일상의 생존과 연관된 문제를 사적 자본이 아닌 공적인 국가가 해결하고 난 연후에, 다양한 개성 및 문화의 만개가 가능하다고 본 것이다. 그렇다면, 다원주의는 자신의 만개를 위해 행보를 멈추고 일상의 생존 문제에 대한 해결을 약속하는 거대한 특정 이론에 의탁해야 하는 것일까?

7 오스카 와일드, 〈사회주의와 인간의 영혼〉, 《오스카 와일드 예술평론》, 이보영 옮김(예림기획, 2001), 221-261쪽을 참고하기 바란다.

다원주의가 그 길을 가기는 힘들 것이다. 다원주의는 스스로를 포함하여 그 어떤 이론도 거대한 이론이 되는 것을 경계하기 때문이다. 그렇지만, 다원주의가 구현되기 위해서는 일상의 생존 문제가 어느 정도 해결되어야 한다는 점에는 귀 기울일 필요가 있다. 생존이 위협받는 상황에서 다양한 방식의 삶과 다양한 양식의 예술이 꽃피우리라고 생각하기는 힘들다. 자유라는 날개에 복지가 더해질 때 다원주의는 활짝 피어날 수 있을 것이다.

관용, 무관심, 종속

톨레랑스라는 말이 회자된다. 다른 사람과의 차이를 인정하며 공 존하자는 관용의 정신이다. 다원주의에도 이 관용의 정신이 깔려 있다. 플라톤적 유토피아에서의 덕은 정의이고, 군주제에서의 덕은 충성이고, 군사 독재에서의 덕은 명예이고, 관료 독재에서의 덕은 효율이고, 다원적 민주주의에서의 덕은 관용이다.[8]

그러나 이 관용에 대해 다음과 같은 비판이 이루어지고 있으며, 이는 다원주의에 대한 비판이기도 하다. 관용은 수동적인, 나아가 무관심한 태도를 조장한다. 서로 다른 취미가 존재한다. 나는 저 사람의 취미가 혐오스럽다. 자꾸 같이 공유하자고 하는데 못마땅하다.

겉으론 좋은 취미니 즐기라고 칭찬하는데 속으론 저 사람과 어울리면 끔찍할 거라고 진저리 친다. 어울릴 기회를 피하고 무관심한 관계로 남으면서 갈등을 피한다. 이런 경우가 취미뿐만 아니라 스타일, 욕망, 종

8 Robert Paul Wolff, "Beyond Tolerance", *A Critique of Pure Tolerance* (Beacon, 1965), 3-4쪽.

교, 사유, 윤리, 가치 등 사회와 문화의 영역 전반에 걸쳐 광범위하게 나타날 수 있다. 다양의 차이에 대한 인정이라는 관용성 뒤에 숨겨진 수동성 또는 무관심이다.

이러한 수동성이나 무관심은 다양한 차이들의 평등한 존립을 가로막을 수 있다. 차이들 중에서도 이미 제도적으로 확고히 정립된 차이와 그렇지 못한 차이가 존재할 수 있다. 그리고 이미 제도적으로 확고히 정립된 차이가 그렇지 못한 차이를 억압할 수 있다. 주류적 차이가 비주류적 차이를 압도하고 지배하여 비주류적 차이의 정립을 가로막을 수 있는 것이다. 이럴 경우 양자에 대한 수동적 또는 무관심적 관용은, 전자의 지배는 계속 유지시키는 반면 후자는 계속 종속적 위치에 내버려둔다. "관용은 자유주의의 형식적 자유와 평등의 대리보충으로 기능함으로써, 실질적인 평등과 자유의 추구를 노골적으로 방해하기도 한다. …… 예컨대, 오늘날 동성애자에 대한 법적 평등의 완전한 실현 대신에 이들에 대한 관용을 호소하는 것은, 동성애자를 탄압하는 것에 대항하여 이들에 대한 관용을 주장하는 것과는 전혀 다르다. 후자는 관용을 평등과 대립시키면서, 관용을 통해 동성애자의 종속적인 지위를 계속 유지하려는 목적을 가지고 있다."[9] 더 나아가 수동적 또는 무관심적 관용은 관용해서는 안 되는 정책이나 조건이나 행동의 유형들에까지 확대되고, 그 결과 현 상태가 억압적 주류에 의해 지배되고 있을지라도 그 억압적 현 상태를 계속 유지하는 데 기여한다.[10] 그리고 그러한 억압적 주류는 소수가 드러

9 웬디 브라운, 《관용: 다문화제국의 새로운 통치전략》, 이승철 옮김(갈무리, 2010), 31-33쪽.

10 Herbert Marcuse, "Repressive Tolerance", *A Critique of Pure Tolerance* (Beacon, 1965), 82쪽.

내는 차이를 폭력적으로 억압하는 재앙을 초래하기도 한다.

관용이 주류에 대해서는 지배의 확고를, 비주류에 대해서는 종속의 지속을 강권한다는 마르쿠제 등의 비판은 실제로 그런 문제가 발생한다는 점에서 타당하다. 그렇지만 다원주의가 이런 문제에 대한 해결을 가로막고 있는 것은 아니다. 다원주의의 관용이 무차별적 관용은 아니다. 무엇을 관용할 것인가는 사회적 합의의 대상이다. 억압적 주류의 지배는 당연히 관용의 대상이 아니다. 다원주의는 억압적 거대 주류가 다른 소수들을 억압하는 것은 관용할 수 없다. 다양한 소수들이 스스로의 권리를 인정받는 사회가 다원주의의 목표이기 때문이다. 그리고 그러기 위해서는 다양한 소수들의 권리에 대한 제도적 보장이 필요하다. 사회적 논의를 통해 인정받을 수 있도록 소수들에 대한 이해를 도모하고 그것을 제도로 뒷받침할 수 있는 것이다. 그리고 이것이 다원주의가 지향하는 바이기도 하다.

자기 지시성의 오류

다원주의가 마주치는 또 다른 중요한 문제는 자기 지시성과 연관된 의문이다. 이는 "모든 크레타 인은 거짓말쟁이다"라는 크레타 선지자의 주장이 지닌 문제와 유사하다. 크레타 선지자도 모든 크레타인의 일부이므로 그 선지자의 주장도 거짓말이 되는 형색이다. 이러한 형색은 상대주의에서도 나타난다. 모든 지식이 상대적이라는 상대주의의 주장 자체도 상대적이 되어버리는 것이다.

다원주의도 유사한 문제를 낳는다. 다원주의의 취지에 따르자면, 진리는 하나가 아닌 여럿이라는 다원주의 진리관도 여러 올바른 진리관 중 하나일 것이다. 다원주의 자신의 진리관만이 진리라고 간주될 수 없다. 특히 "진리는 하나다"라는 일원주의 진리관과 "진리는 여럿이다"라는 다원주의 진리관이 양립할 경우 다원주의는 자신의 취지에 맞추어 일원주의 진리관을 받아들이면서 모순에 빠질 수도 있을 것이다. 오류 가능성을 인정하는 다원주의의 주장도 유사한 문제를 낳는다. 다원주의의 주장처럼 모든 이론이 오류 가능하다면 다원주의 자신도 오류가 될 수 있는 것이다.

크레타 선지자나 상대주의자의 문제는 차치하고, 이 책의 관심사인 다원주의의 답변 방도를 찾아보도록 하겠다.

다원주의는 오류가 될 수 있다. 그렇지만 타당성을 지닐 수도 있다. 다원주의가 어떤 시간과 공간에서는 오류지만, 또 다른 시간과 공간에서는 타당할 수 있는 것이다. 다원주의는 현재 여기에서는 타당하다는 점을 사회 공동체에서 받아들여 줄 것을 요구한다. 자신의 진리관에 대해 특정 공동체가 사회적으로 합의해줄 것을 요구하는 것이다. 그러한 요구에 긍정적 합의가 이루어지면 다원주의는 진리가 되고, 그렇지 못하면 오류가 된다.

다원주의의 진리는 특정 시공간 내에서 합의를 통해 구성해가는 것이기 때문에 다원주의의 타당성 여부도 동일한 절차를 통해 결정된다. 다원주의는 자신의 이론과 주장도 오류 가능하다는 한계 내에서 진리치를 주장하는 것이다. 상황이 변하면 일원주의가 진리가 될 수 있다. 그렇지만 현 상황에서는 다원주의가 최선임을 주장하며 사회 공동체가 다원주의를 받아들이는 데 합의할 것을 요청한다. 따라서 오류가 된다고 해서 또는 일원주의가 진리가 된다고 해서 다원주의가 자신의 주장을 철회할 필요는 없다.

이는 과학적 주장의 경우도 마찬가지다. 세이건Carl Sagan은 과학자와 광신도의 차이는 전자는 자신의 주장이 틀릴 수 있음을 인정하는 사람이고 후자는 자신의 주장이 틀릴 수 있음을 인정하지 않는 사람이라고 말했다. 과학자는 자기 주장의 정당성을 믿고 그 주장을 펼치지만 자신의 주장이 오류가 될 가능성도 열어놓는다. 과학자는 자신이 옳다고 믿는 주장을 내놓고, 그 주장을 여러 실험들을 통해 검증받고, 검증을 통해 드러난 오류를 제거하여 수정된 주장을 다시 내놓고, 다시 검증을 받아

오류가 제거된 또 다른 수정된 주장을 내놓는 일을 지속적으로 펼치면서 진리에 더 다가선다. 다원주의 또한 오류 가능성 앞에서 주저앉기보다는 수정 및 보완을 거쳐 더 타당한 다원주의로 향하는 길을 당분간은 택해야 할 것이다.

인권과 문화 다양성

"누구도 국제법으로 보장하는 인권을 침해하거나 제한하는 데 문 화 다양성을 이용해서는 안 된다." 2001년 발표된 유네스코 문화 다양성 선언 중 제4조의 일부이다. 특정 분야에서 인권 침해의 소지가 있는 갑이라는 사회가 있다. 갑에 대해 주변 다른 사회에서 인권을 존중하라고 촉구할 수 있다. 그런데 갑은 그런 촉구가 자신의 고유 문화에 대한 몰이해이며 문화 다양성의 정신에 대한 훼손이라고 반발한다. 이러한 일은 실제로 왕왕 발생한다. 선진국과 개발도상국, 유럽 문명과 아랍 문명, 기존 강대국과 후발 강대국 사이 등등에서 이러한 촉구와 반발이 일곤 한다.

문화 다양성을 지키는 것은 인권을 존중하는 것과 뗄 수 없다. 가능한 한 많이 인간의 권리를 누리게 하는 것이 다원주의 정신이다. 정치에 참여할 권리, 직업을 선택할 권리, 취향을 누릴 권리, 행복을 추구할 권리, 꿈을 꿀 권리, 스스로를 가꾸고 표현할 권리 등 다원주의는 인간의 권리를 깊고 넓게 하려는 정신이다. 따라서 구성원의 인권을 침해하면서 문화 다양성이라는 이름으로 고유성을 보장받으려는 사회는 다원주의 정신에 맞지 않는다. 어떤 사회의 문화가 지닌 고유성 중 그 사회의 일부 구성원에게 피해를 주는 고유성이 있다면 그 고유성은 지양되어야 한다. 그런데 사회의 문화적 요소들은 유기적으로 짜여 있어서 그 요소들 중 부분이 지양될 경우 전체가 흔들릴 위험도 크다. 그리고 인권이 동물의 권리 등으로 확대되어 음식 문화 등에 대한 논쟁으로 이어지며 이전투구泥田鬪狗의 양상을 보일 소지도 크다. 촉구, 반발, 지양이 신중히 이루어져야 하는 이유이기도 하다.

5

결結

약 20만 년 전, 인간의 직접 조상은 아프리카에서 해안과 강변과 계곡을 따라 이동해 중동과 인도 그리고 남부 아시아에 이르렀다. 히말라야에서 거친 숨을 토한 그들은 오세아니아, 중국, 유럽 등으로 퍼져 나갔다. 그리고 곡절은 알 수 없지만 하늘과 바다의 혹한을 헤치며 알래스카에 도착한 후 다시 태평양 해안을 따라 남진하여 아메리카 대륙 전역에 자리 잡았다.

2011년, 뉴욕의 맨해튼. 여름은 더웠다. 자연의 탓만은 아니었다. 공사장 용접봉, 아스팔트 복사열, 지하철 환기구, 자동차 배기가스 등도 더위를 무성케 했다. 그중 으뜸은 사람들이 뿜어내는 열기였다. 거미줄처럼 얽힌 종횡의 보도 위로 사람들의 행렬이 또다시 얽히고 얽혀 겹겹의 거미줄을 이루어냈다. 인종의 용광로. 이미 한 세기를 장식한 수사가 더 달구어진 듯했다. 다양한 인종, 다양한 개인, 다양한 취향이 넘실댔다. 별난 옷, 얄궂은 머리, 희한한 신발, 괴상한 가방, 기이한 문신 등이 굉음과 냄새와 광고판을 끼고 강물처럼 흘렀다. 외양만 그럴 리는 없으리라. 생각, 가치, 소망, 꿈, 고집, 원한 등도 제 나름일 터이다. 일정한 시공간의 점유라는 주차의 법칙을 어긴 차들에게 발급되는 벌금 고지서만 예외와 어김이 없었다. 거리 한편의 광장에선 동성애 결혼 합법화를 축하하는 퍼레이드가 펼쳐졌다. 단토가 본 것은 예술의 풍광이 아닌 거리의 풍경인지도 모른다. 그로부터 몇 달 후 뉴욕의 가을은 1퍼센트의 금융 지배에 저항하며 월가를 점령한 수많은 인파로 다시 한번 뜨거웠다.

같은 해 여름, 노르웨이 오슬로와 그 인근의 섬. 폭탄이 터지고 총알이 날았다. 170여 명의 사상자. 단독 범행이었다. 범인은 유럽 독립 선언서를 발표했다. 이슬람을 비롯한 다른 여러 다양한 문화로부터의 유럽의 독립. 문화 다양성 정책에 대한 반대. 신념을 위한 살인이있다. 다원주의가 그러했듯 반다원주의 또한 국경과 대륙을 넘어 확산되고 있다.

비슷한 시기, 대한민국의 외국인 거주자는 약 125만 명. 총인구 의 2.6퍼센트 정도이다. 외국인 거주자 중 외국인 노동자는 약 71만 명. 전체 노동자의 4.3퍼센트가량이다. 다문화 가구는 38만 6,977가구. 전체 가구 수의 2.2퍼센트 정도이다. 연간 다문화 가정 출생아 수는 2만여 명. 전체 출생아 수의 4.3퍼센트가량이다. 다문화 가정을 꾸리는 결혼 이민자는 14만여 명. 2030년에는 43만여 명으로 증가할 것으로 예상한다. 연평균 약 5.82퍼센트 증가율이다. 외국인 거주자, 외국인 노동자, 결혼 이민자 등의 숫자는 더욱 늘어날 것이다. 경제, 가정, 출산, 문화에서 이들의 역할은 더욱 커질 것이다. 그렇지만 아직은 '다문화가 다문화 축제나 다문화 가정에서 드러나듯 소수, 소외의 느낌을 풍긴다. 특히 서양 백인 중심 문화 이외의 문화에 대한 차별적 대우는 여전하다.

다양성은 진화의 결과, 거리의 거울, 갈등의 씨앗, 그리고 무엇보다 우리의 미래이다. 그러기에 다양성은 예술이나 비평에 머물지 않는다.

생명, 문화, 사상, 일상의 영역 곳곳에서 다양성은 펼쳐지고 또한 충돌한다. 어떤 영역이든 다양성의 과도나 과소는 그 영역의 쇠락을 가져오기도 한다. 그렇지만 그 쇠락은 새로운 세계로의 진입이나 도약이기도 하다.

예술은 그러한 다양성의 수혜자이자 창조자이다. 예술은 때론 다양성에 영향받지만 때론 그를 선도한다. 사회는 때론 예술의 다양성에 진작되지만, 때론 미혹된다. 예술의 다양성이 가능케 하는 진작이나 미혹은 동전의 양면이다. 그 동전은 구르며 창조와 실험을 거듭한다. 창조와 실험을 통해 20만 년 전 아프리카에서 출발한 인간은 동굴벽화를 남기고, 피라미드를 쌓고, 축제를 벌이고, 시를 짓고, 풍악을 울렸다. 예술적 창조와 실험의 텃밭에서 인간은 생존을 부양하고, 신을 경배하고, 연대를 고취하고, 불면을 거듭했다.

과거가 그랬듯 미래 또한 무슨 창조가 생겨나고 어떤 실험이 펼쳐질지 짐작하기 어렵다. 어떤 창조가 살아남고 무슨 실험이 융성할지 예측하기 힘들다. 다양한 창조와 실험을 껴안기. 공존의 가슴 온도를 높이기. 소수를 소외하지 않기. 저항이나 반항조차 함께 가기. 우리가 싫어하는 생각을 위한 자유.

예술은 자유를 먹고 자란다. 종교적 신념이나 철학적 진리보다 자유의 빛 아래 예술은 번성한다. 이 책은 다원주의 미학이 그러한 자유의 자양분이 될 수 있으리라는 희망에서 시작했다.

웃지 않는 사람, 통상적인 생각의 공허함, 키치, 이 셋은 예술에 대한 한 몸 머리 셋인 적이다. 예술은 신의 웃음이 메아리치면서 탄생했고, 어느 누구도 진리의 소유자가 아니면서도 모두가 이해할 수 있는 매력적인 상상의 공간을 만들었다. 관용으로 이루어진 이 상상의 공간은……우리가 품고 있는

꿈의 이미지이다. 이 꿈은 숱하게 배반되어왔지만 그럼에도 불구하고 우리 모두를 연대감으로 묶어 우리의 조그만 대륙을 멀리 넘어설 수 있게 해줄 만큼 강력하다.[1]

1 Milan Kundera, *The Art of Novel*, Linda Asher (trans.) (Perennial Library, 1988), 159쪽.

참고문헌

김영하, 《검은꽃》(문학동네, 2010).

김헌, 〈아리스토텔레스 시학의 세 개념에 기초한 인간 행동 세계의 시적 통찰과 창작의 원리〉, 《인간연구》 7호(2004).

로티, 리처드, 〈구원적 진리의 쇠퇴와 문학문화의 발흥〉, 《2001 봄 석학연속강좌 특별강연: 구원적 진리, 문학문화, 그리고 도덕철학》, 신중섭·이유선 옮김(아카넷, 2001).

루이스, 앤서니, 《우리가 싫어하는 생각을 위한 자유: 미국 수정헌법 1조의 역사》, 박지웅·이지은 옮김(간장, 2010).

메넌드, 루이스, 《메타피지컬 클럽》, 정주연 옮김(민음사, 2006).

밀, 존 스튜어트, 《자유론》, 서병훈 옮김(책세상, 2005).

뷔르거, 페터, 《아방가르드의 이론》, 최성만 옮김(지식을만드는지식, 2009).

브라운, 웬디, 《관용: 다문화제국의 새로운 통치전략》, 이승철 옮김(갈무리, 2010).

사이드, 에드워드 W., 《오리엔탈리즘》, 박홍규 옮김(교보문고, 2007).

소쉬르, 페르디낭드, 《일반언어학 강의》, 최승언 옮김(민음사, 1990).

쇼펜하우어, 《의지와 표상으로서의 세계》, 곽복록 옮김(을유문화사, 1994).

아리스토텔레스, 《시학》, 이상섭 옮김(문학과지성사, 2005).

와일드, 오스카, 〈사회주의와 인간의 영혼〉, 《오스카 와일드 예술평론》, 이보영 옮김(예림기획, 2001).

장민환, 〈단토의 표상으로서의 예술에 관한 연구: 미술의 종말과 다원주의 미술로의 귀결〉(서울대 철학박사 학위논문, 2006).

프로이트, 지그문트, 〈레오나르도 다빈치의 유년의 기억〉, 《예술과 정신분석》, 정장진옮김(열린책들, 1997).

플라톤, 《국가》, 박종현 옮김(서광사, 1997).

플라톤, 《크라틸로스》, 김인곤·이기백 옮김 (이제이북스, 2007).

포스터, 할, 《실재의 귀환》, 이영욱·조주연·최연희 옮김(경성대출판부, 2010).

Barrett, Cyril (ed.), *Collected Papers on Aesthetics* (Blackwell, 1965).

Barthes, Roland, "The Death Of The Author", *Image-Music-Text*, Stephen Heath (trans.) (The Noonday Press, 1988).

______, *S/Z: An Essay*, Richard Miller (trans.) (The Noonday Press, 1974).

______, *The Pleasure Of The Text*, Richard Miller (trans.) (Hill And Wang, 1975); 《텍스트의 즐거움》, 김명복 옮김(연세대학교출판부, 1990).

Bell, Clive, *Art* (Frederick A. Stokes Company, 1914).

Beardsley, M. C., "Is Art Essentially Institutional?", *The Aesthetic Point of View* (Cornell University Press, 1982).

______, *The Possibility of Criticism* (Wayne State University Press, 1970).

Bernstein, Richard, "Pragmatism, Pluralism, And The Healing Of Wounds", *The Ethical-Political Horizons Of Modernity/Postmodernity* (The MIT Press, 1992).

Bohman, James, "Holism Without Skepticism: Contextualism And The limits Of Interpretation", *The Interpretive Turn: Philosophy, Science, Culture*, David Hiley, James Bohman, & Richard Shusterman (eds.) (Cornell University Press, 1991).

Bouwsma, O. K., "The Expression Theory of Art", *Aesthetics & Language*, William Elton (ed.) (Basil Blackwell, 1959). 이하 *AL*로 약칭.

Brooks, Clean, "New Criticism", *Princeton Encyclopedia of Poetry and Poetics* (Princeton University Press, 1974).

Brown, Merle, *Neo-Idealistic Aesthetics: Croce-Gentile-Collingwood* (Wayne State University Press, 1966).

Carroll, Noel, "Art, Practice, and Narrative", *The Monist 71* (1988).

______, "Identifying Art", *Institutions of Art*, Robert Yanal (ed.) (The Pennsylvania

State University Press, 1994).

______, "Historical Narratives and the Philosophy of Art", *The Journal of Aesthetics and Art Criticism 51* (1993).

Coleman, Francis J. (ed.), *Contempomry Studies in Aesthetics* (McGraw-Hill, 1968).

Collingwood, R. G., *The Principles of Art* (Oxford University Press, 1938).

Croce, Benedetto, *The Aesthetic as the Science of Expression and the Linguistic in General* (Cambridge University Press, 1992).

Culler, Jonathan, *Structuralist Poetics: Structuralism, Linguistics, And The Study Of Literature* (Cornell University Press, 1975).

______, *On Deconstruction* (Cornell University Press, 1982).

Curtiss, Mina, "Letters of Edouard Manet to his Wife during the Siege of Paris: 1870-1871", *Apollo 113* (1981).

______, "Russian Formalism", *The Johns Hopkins Guide to Literary Theory and Criticism*, Michael Groden·Martin Kreiswirth (eds.) (The Johns Hopkins University Press, 1994).

______, "New Criticism", *The Johns Hopkins Guide to Literary Theory and Criticism*.

Danto, Arthur C., "The Artworld", *The Journal of Philosophy 61* (1964).

______, *After the End of Art: Contemporary Art and the Pale of History* (Princeton University Press, 1988); 《예술의 종말 이후: 컨템퍼러리 미술과 역 사의 울타리》, 이성훈·김광우 옮김(미술문화, 2004).

Davies, Stephen, *Definitions of Art* (Cornell University Press, 1991).

De Gennaro, Angelo A., "Croce and Collingwood", *Persanahit 46* (1965).

Derrida, Jacques, *Of Grammatology*, G. Spivak (trans.) (The Johns Hopkins University Press, 1976).

______, "Structure, Sign, And Play", *The Structuralist Controversy*, Richard Macksey & Eugenio Donato (eds.) (The Johns Hopkins University Press, 1972).

______, *Margins Of Philosophy*, Alan Bass (trans.) (The University Of Chicago Press, 1982).

______, *Positions*, Alan Bass (trans.) (The University Of Chicago Press, 1981).

______, *Writing And Difference*, Alan Bass (trans.) (Routledge & Kegan Paul, 1978).

______, "Three Questions To Hans-Georg Gadamer", *Dialogue And Deconstruction: The Gadamer-Derrida Encounter*, Diane Michelfelder & Richard Palmer (eds.) (State University of New York Press, 1989).

Dewey, John, *Art As Experience, John Dewey: The Later Works, 1925~1953*, Vol. 10, Jo Ann Boydston (ed.) (Southern Illinois University Press, 1989).

______, "The Need For A Recovery Of Philosophy", *Essays, John Dewey: The Middle Works, 1899~1924*, Vol. 10 (1980).

______, Experience And Nature, *John Dewey: The Later Works, 1925~1953*, Vol. 1 (1981).

Dickie, George, "Defining Art", *American Philosophical Quarterly 6* (1969).

______, *Introduction to Aesthetics: An Analytic Approach* (Oxford University Press, 1997).

______, *Art and the Aesthetic: An Institutional Analysis* (Cornell University Press, 1974).

______, *The Art Circle* (Haven, 1984); 《예술사회》, 김혜련 옮김(문학과지성사, 1998).

Donagan, Alan, "The Croce-Collingwood Theory of Art", *Philosophy 33* (1958).

______, "Collingwood's Debt to Croce", *Mind 81* (1972).

Eaton, Marcia Muelder, *Basic Issues in Aesthetics* (Waveland Press, 1999).

Elton, William (ed.), *Aesthetics and Language* (Basil Blackwell, 1959).

Fish, Stanley, *Is There A Text In This Class?: The Authority Of Interpretive Communities* (Harvard University Press, 1980).

______, *Doing What Comes Naturally* (Duke University Press, 1989).

Foucault, Michel, "What Is An Author?", *The Foucault Reader*, Paul Rainbow (ed.) (Pantheon Books, 1984).

Fry, Roger, "An Essay in Aes Aesthetics", *Twentieth Century Theories of Art*, James M. Thompson (ed.) (Carleton University Press, 1990).

______, *Cézanne: A Study of His Development* (The University of Chicago Press, 1989).

Gadamer, Hans-Georg, *Truth And Method*, 2nd ed. rev., Joel Weinsheimer & Donald Marshall (trans.) (Continuum, 1993).

______, "The University Of The Hermeneutical Problem", *Philosophical Hermeneutics*, David Linge (ed.·trans.) (University Of California Press, 1977).

______, "Text And Interpretation", *Dialogue And Deconstruction: The Gadamer-Derrida Encounter*.

______, "Science And Philosophy", *Reason In The Age Of Science*, Frederick Lawrence (trans.) (The Mit Press, 1981).

______, "Hermeneutics As A Theoretical And Practical Task", *Reason In The Age Of Science*.

______, "On The Scope And Function Of Hermeneutical Reflection", *Philosophical Hermeneutics*.

______, "Reply To Jacques Derrida", *Dialogue And Deconstruction: The Gadamer-Derrida Encounter*.

______, "Reply To My Critics", *The Hermeneutic Tradition: From Ast To Ricoeur*, Gayle Ormiston & Alan Schrift (eds.) (State University Of New York Press, 1990).

Gallie, W. B., "The Function of Philosophical Aesthetics", *AL*.

Hamilton, George H., *Manet and His Critics* (Yale University Press, 1954).

Hampshire, Stuart, "Logic and Appreciation", *AL*.

Habermas, Jurgen, "A Review Of Gadamer's Truth And Method", *The Hermeneutic Tradition: From Ast To Ricoeur*.

______, "The Hermeneutic Claim To University", *The Hermeneutic Tradition: From Ast To Ricoeur*.

______, "What Is Universal Pragmatics?", *Communication And The Evolutionary*

Society, Tomas McCarthy (trans.) (Beacon Press, 1979).

Hirsch, E. D., *Validity in Interpretation* (Yale University Press, 1967).

______, *The Aims of Interpretation* (The University of Chicago Press, 1967).

Hospers, John, "The Croce-Collingwood Theory of Art", *Philosophy 31* (1956).

Isenberg, Arnold, "Analytical Philosophy and the Study of Art: A Report to the Rockefeller Foundation" (1950), William Callaghan (ed.), *Aesthetics and the Theory of Criticism: Selected Essays of Arnold Isenberg* (The University of Chicago Press, 1973), 285-301쪽; *The Journal of Aesthetics and Art Criticism 46* (1987), 125-136쪽.

______, "Critical Communication", *AL*.

James, William, "A World Of Pure Experience", *The Works Of William James: Essays In Radical Empiricism*, Frederick Burkhardt (ed.) (Harvard University Press, 1976).

______, "A Pluralistic Universe", *William James: Writings 1902~1910*, Bruce Kuklick (ed.) (The Library Of America, 1987).

______, *Pragmatism And Other Essays* (Simon And Schuster, 1963).

Kennick, William E., "Does Traditional Aesthetics Rest on a Mistake?", *Mind 67* (1958).

Knight, Helen, "The Use of 'Good' in Aesthetic Judgements", *AL*.

Kundera, Milan, *The Art of Novel*, Linda Asher (trans.) (Perennial Library, 1988); 《소설의 기술》, 권오룡 옮김(민음사, 2008).

Lake, Beryl, "A Study of the Irrefutability of Two Aesthetic Theories", *AL*.

Langer, Susanne K., *Philosophical Sketches* (The Johns Hopkins Press, 1962).

______, *Philosophy in a New Key: A Study in the Symbolism of Reason, Rite, and Art* (Harvard University Press, 1942).

Leddy, Thomas, "The Socratic Quest in Art and Philosophy", *The Journal of Aesthetics and Art Criticism 51* (1993).

Leitch, Vincent, *American Literary Criticism: From the Thirties to the Eighties* (Columbia University Press, 1988).

Levinson, Jerrold, "Defining Art Historically", *The British Journal of Aesthetics 19* (1979).

______, "Extending Art Historically", *The Journal of Aesthetics and Art Criticism 51* (1993).

Macdonald, Margaret, "Some Distinctive Features of Arguments Used in Criticism of the Arts", *AL*.

Mandelbaum, Maurice, "Family Resemblances and Generalization Concerning the Arts", *Aesthetics: A Critical Anthology*, George Dickie etc. (eds.) (St. Martin's Press, 1989).

Marcuse, Herbert, "Repressive Tolerance", *A Critique of Pure Tolerance* (Beacon, 1965).

Margolis, Joseph (ed.), *Philosophy Looks at the Arts: Contemporary Readings in Aesthetics* (Charles Scribners Sons, 1962). 이하 *PLA*로 약칭.

______, "Plain Talk About Interpretation On A Relativistic Model", *The Journal of Aesthetics And Art Criticism 53* (1995).

______, *Interpretation Radical But Not Unruly: The New puzzle Of The Arts And History* (University Of California Press, 1995).

______, *Art And Philosophy* (Humanities Press, 1980).

Nehamas, Alexander, "Writer, Text, Work, Author', *Literature and the Questions of Philosophy*, Anthony J. Cascardi (ed.) (The Johns Hopkins University Press, 1987).

Nochlin, Linda, "The Invention of the Avant-Garde: France, 1830-80", *Avant-Garde Art*, Thomas B. Hess & John Ashbery (eds.), (Collier-Macmillan, 1967).

Norris, Christopher, *Deconstruction* (New York: Methuen, 1982).

Orton, Fred & Pollock, Griselda, "Avant-Gardes and Partisan Reviewed", *Art History* (September, 1981).

Pappas, Nickolas, "Aristotle", *The Routledge Companion to Aesthetics* (Routledge, 2001).

Passmore, J. A., "The Dreariness of Aesthetics", *AL*.

Peirce, Charles, *Philosophical Writings Of Peirce*, Justus Buchler (ed.) (Dover, 1955).

Perry, Ralph, *The Thought And Character Of William James* (Little, Brown And Company, 1935).

Poggioli, Renato, *The Theory of the Avant-Garde* (Harper and Row, 1971).

Rorty, Richard, *Consequences Of Pragmatism* (University Of Minnesota Press, 1982).

______, "Texts And Lumps", *New Literary History 17* (1985).

______, "Philosophy Without Principles", *Against Theory*.

______, *Contingency, Irony, And Solidarity* (Cambridge University Press, 1989).

Ryle, Gilber, "Feelings", *AL*.

Shusterman, Richard, "Interpretation, Mind, And Embodiment", *Psychological Inquiry 5* (1994),

______, "Analysing Analytic Aesthetics", *Analytic Aesthetics*, Richard Shusterman (ed.) (Blackwell, 1989).

______, *Pragmatist Aesthetics: Living Beauty, Rethinking Art* (Blackwell, 1992).

______, "Interpretation, Intention, And Truth", *The Journal Of Aesthetics And Art Criticism 46* (1988).

______, "Croce On Interpretation: Deconstruction And Pragmatism", *New Literary History 20* (1989).

______, "The Gadamer-Derrida Encounter: A Pragmatist Perspective", *Dialogue And Deconstruction: The Gadamer-Derrida Encounter*.

______, *The Object of Literary Criticism* (Rodopi, 1984).

Sibley, Frank, "Aesthetic Concepts", *PLA*.

Smith, John, *Themes In American Philosophy: Purpose, Experience And Community* (Harper Torchbooks, 1970).

Stalnaker, Nan, "Intention and Interpretation", *The Journal of Aesthetics and Art Criticism 54* (1996).

Stecker, Robert, "Art Interpretation", *The Journal Of Aesthetics And Art Criticism*

52 (1994).

Stuhr, John, *Classical American Philosophy: Essential Readings And Interpretive Essays* (Oxford University Press, 1987).

Tolstoy, Leo, *What Is Art?*, Richard Pevear & Larissa Volokhonsky (trans.) (Penguin, 1995).

Tomas, Vincent, "The Concept of Expression in Art", *PLA*.

Troyat, Henri, *Tolstoy*, Nancy Amphoux (trans.) (Doubleday, 1967).

Urmson, J. O., "What Makes a Situation Aesthetic?", *PLA*.

Weitz, Morris, "The Role of Theory in Aesthetics", *PLA*.

Wimsatt, W. K. Jr. & Beardsley, M. C., "The Intentional Fallacy", *Sewanee Review, 54* (1946).

Wolff, Robert Paul, "Beyond Tolerance", *A Critique of Pure To Lerance* (Beacon, 1965).

Ziff, Paul, "Reasons in Art Criticism", *PLA*.

______, "The Task of Defining a Work of Art", *The Philosophical Review 62* (1953).

찾아보기